Connected  Mathematics2™

Trozos y piezas II

Usar operaciones con fracciones

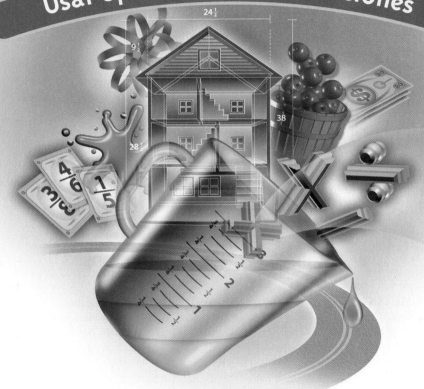

Glenda Lappan

James T. Fey

William M. Fitzgerald

Susan N. Friel

Elizabeth Difanis Phillips

PEARSON

Prentice
Hall

Boston, Massachusetts
Upper Saddle River, New Jersey

Connected Mathematics™ was developed at Michigan State University with financial support from the Michigan State University Office of the Provost, Computing and Technology, and the College of Natural Science.

This material is based upon work supported by the National Science Foundation under Grant No. MDR 9150217 and Grant No. ESI 9986372. Opinions expressed are those of the authors and not necessarily those of the Foundation.

The Michigan State University authors and administration have agreed that all MSU royalties arising from this publication will be devoted to purposes supported by the MSU Mathematics Education Enrichment Fund.

Acknowledgments appear on page 71, which constitutes an extension of this copyright page.

ISBN 0-13-133807-2

1 2 3 4 5 6 7 8 9 10   10 09 08 07 06

Autores de Connected Mathematics

(de izquierda a derecha) Glenda Lappan, Betty Phillips, Susan Friel, Bill Fitzgerald, Jim Fey

Glenda Lappan es Profesora Universitaria Distinguida del Departamento de Matemáticas de la Universidad Estatal de Michigan. Su campo de investigación es la interconexión entre el aprendizaje estudiantil de las matemáticas, y el crecimiento y cambio profesional de los maestros de matemáticas en relación con el desarrollo y aplicación de los materiales curriculares de los grados K a 12.

James T. Fey es Professor de Curriculum e Instrucción y Matemáticas de la Universidad de Maryland. Su continuo interés profesional ha sido el desarrollo y la investigación de materiales curriculares que implican la participación de los estudiantes de la escuela media y secundaria en la investigación cooperativa basada en la resolución de problemas de ideas matemáticas y sus aplicaciones.

William M. Fitzgerald *(Fallecido)* fue Profesor del Departamento de Matemáticas de la Universidad Estatal de Michigan. Sus primeras investigaciones se centraron en el uso de materiales concretos para facilitar el aprendizaje estudiantil, aporte que condujo al desarrollo de materiales didácticos destinados al laboratorio. Más tarde, contribuyó a

desarrollar un modelo de enseñanza para propiciar la experimentación matemática por parte de los estudiantes.

Susan N. Friel es Profesora de Educación de Matemáticas de la Escuela de Educación de la Universidad de Carolina del Norte en Chapel Hill. Sus intereses de investigación se centran en la enseñanza de estadística a los estudiantes de los grados medios y, más ampliamente, en el desarrollo y crecimiento profesional de los maestros en la enseñanza de las matemáticas de los grados K a 8.

Elizabeth Difanis Phillips es Especialista Académica Sénior del Departamento de Matemáticas de la Universidad Estatal de Michigan. Se interesa en la enseñanza y aprendizaje de las matemáticas tanto por parte de los maestros como de los estudiantes. Estos intereses la han conducido a desarrollar proyectos profesionales y curriculares para los niveles de escuela media y secundaria, así como proyectos relacionado con la enseñanza y el aprendizaje del álgebra en los distintos grados.

Plantilla de desarrollo de CMP2

Maestros colaboradores en residencia
Yvonne Grant
Universidad Estatal de Michigan

Ayudante administrativa
Judith Martus Miller
Universidad Estatal de Michigan

Producción y directora de campo
Lisa Keller
Universidad Estatal de Michigan

Apoyo técnico y editorial
Brin Keller, Peter Lappan, Jim Laser, Michael Masterson, Stacey Miceli

Equipo de exámenes
June Bailey y **Debra Sobko** (Escuela Intermedia Apollo, Rochester, Nueva York), **George Bright** (Universidad de Carolina del Norte, Greensboro), **Gwen Ranzau Campbell** (Escuela Intermedia Sunrise Park, White Bear Lake, Minnesota), **Holly DeRosia, Kathy Dole,** y **Teri Keusch** (Escuela Intermedia Portland, Portland, Michigan), **Mary Beth Schmitt** (Preparatoria Júnior Traverse City East, Traverse City, Michigan), **Genni Steele** (Escuela Intermedia Central, White Bear Lake, Minnesota), **Jacqueline Stewart** (Okemos, Michigan), **Elizabeth Tye** (Preparatoria Júnior Magnolia, Magnolia, Arkansas)

Ayudantes de desarrollo
En el Colegio Comunitario de Lansing *Ayudante por graduar:* **James Brinegar**

En la Universidad Estatal de Michigan *Ayudantes Graduados:* **Dawn Berk, Emily Bouck, Bulent Buyukbozkirli, Kuo-Liang Chang, Christopher Danielson, Srinivasa Dharmavaram, Deb Johanning, Kelly Rivette, Sarah Sword, Tat Ming Sze, Marie Turini, Jeffrey Wanko;** *Ayudantes po graduar:* **Jeffrey Chapin, Jade Corsé, Elisha Hardy, Alisha Harold, Elizabeth Keusch, Julia Letoutchaia, Karen Loeffler, Brian Oliver, Carl Oliver, Evonne Pedawi, Lauren Rebrovich**

En la Universidad Estatal de Maryland *Ayudantes Graduados:* **Kim Harris Bethea, Kara Karch**

En la Universidad de Carolina del Norte (Chapel Hill) *Ayudantes Graduados:* **Mark Ellis, Trista Stearns;** *Ayudante por graduar:* **Daniel Smith**

Consejo de asesores para CMP2

Thomas Banchoff
Profesor de Matemáticas
Universidad Brown
Providence, Rhode Island

Anne Bartel
Coordinador de Matemáticas
Escuelas Públicas de Minneapolis
Minneapolis, Minnesota

Hyman Bass
Profesor de Matemáticas
Universidad de Michigan
Ann Arbor, Michigan

Joan Ferrini-Mundy
Decano Asociado del Colegio de
Ciencias Naturales; Profesor
Universidad Estatal de Michigan
East Lansing, Michigan

James Hiebert
Profesor
Universidad de Delaware
Newark, Delaware

Susan Hudson Hull
Centro Charles A. Dana
Universidad de Texas
Austin, Texas

Michele Luke
Cordinador de Curriculum de
Matemáticas
Preparatoria Júnior del Oeste
Minnetonka, Minnesota

Kay McClain
Profesor de Educación de
Matemáticas
Universidad de Vanderbilt
Nashville, Tennessee

Edward Silver
Profesor; Catedrático de
Estudios de Educación
Universidad de Michigan
Ann Arbor, Michigan

Judith Sowder
Profesor Emérita
Universidad Estatal de San Diego
San Diego, California

Lisa Usher
Maestra de Investigación
Matemáticas
Academia de Matemáticas y
Ciencia de California
San Pedro, California

Centros de pruebas de campo para CMP2

Durante el desarrollo de la edición revisada de *Connected Mathematics* (CMP2), más de 100 docentes utilizaron en sus clases estos materiales, en 49 escuelas de 12 estados y del Distrito de Columbia. Esta puesta a prueba se desarrolló a lo largo de tres años lectivos (del 2001 al 2004), lo que permitió un cuidadoso estudio de la efectividad de cada una de las 24 unidades que componen el programa. Queremos agradecer especialmente a todos los estudiantes y maestros de esas escuelas piloto.

Arkansas
Escuelas Públicas de Magnolia
Kittena Bell*, Judith Trowell*; *Escuela Elemental Central:* Maxine Broom, Betty Eddy, Tiffany Fallin, Bonnie Flurry, Carolyn Monk, Elizabeth Tye; *Preparatoria Júnior Magnolia:* Monique Bryan, Ginger Cook, David Graham, Shelby Lamkin

Colorado
Escuelas Públicas de Boulder
Escuela Intermedia Nevin Platt: Judith Koenig

Distrito escolar, St. Vrain Valley Longmont
Escuela Intermedia Westview: Colleen Beyer, Kitty Canupp, Ellie Decker*, Peggy McCarthy, Tanya deNobrega, Cindy Payne, Ericka Pilon, Andrew Roberts

Distrito de Columbia
Escuela diurna Capitol Hill: Ann Lawrence

Georgia
Universidad de Georgia, Athens
Brad Findell

Escuela Públicas de Madison
Escuela Intermedia del Condado de Morgan: Renee Burgdorf, Lynn Harris, Nancy Kurtz, Carolyn Stewart

Maine
Escuela Públicas de Falmouth
Escuela Intermedia Falmouth: Donna Erikson, Joyce Hebert, Paula Hodgkins, Rick Hogan, David Legere, Cynthia Martin, Barbara Stiles, Shawn Towle*

Michigan
Escuelas Públicas de Portland
Escuela Intermedia Portland: Mark Braun, Holly DeRosia, Kathy Dole*, Angie Foote, Teri Keusch, Tammi Wardwell

Escuelas Públicas del Área de Traverse City
Elemental Bertha Vos: Kristin Sak; *Escuela Elemental Central:* Michelle Clark; Jody Meyers; *Elemental del Este:* Karrie Tufts; *Elemental Interlochen:* Mary McGee-Cullen; *Elemental Long Lake:* Julie Faulkner*, Charlie Maxbauer, Katherine Sleder; *Elemental Norris:* Hope Slanaker; *Elemental Oak Park:* Jessica Steed; *Elemental Traverse Heights:* Jennifer Wolfert; *Elemental Westwoods:* Nancy Conn; *Escuela Old Mission Peninsula:* Deb Larimer; *Preparatoria Júnior de Traverse City Este:* Ivanka Berkshire, Ruthanne Kladder, Jan Palkowski, Jane Peterson, Mary Beth Schmitt; *Preparatoria Júnior de Traverse City Oeste:* Dan Fouch*, Ray Fouch

Escuelas Públicas de Sturgis
Escuela Intermedia Sturgis: Ellen Eisele

Minnesota
Distrito Escolar 191 de Burnsville
Elemental Hidden Valley: Stephanie Cin, Jane McDevitt

Distrito Escolar 270 de Hopkins
Elemental Alice Smith: Sandra Cowing, Kathleen Gustafson, Martha Mason, Scott Stillman; *Elemental Eisenhower:* Chad Bellig, Patrick Berger, Nancy Glades, Kye Johnson, Shane Wasserman, Victoria Wilson; *Elemental Gatewood:* Sarah Ham, Julie Kloos, Janine Pung, Larry Wade; *Elemental Glen Lake:* Jacqueline Cramer, Kathy Hering, Cecelia Morris, Robb Trenda; *Elemental Katherine Curren:* Diane Bancroft, Sue DeWit, John Wilson; *Elemental L. H. Tanglen:* Kevin Athmann, Lisa Becker, Mary LaBelle, Kathy Rezac, Roberta Severson; *Elemental Meadowbrook:* Jan Gauger, Hildy Shank, Jessica Zimmerman; *Preparatoria Júnior del Norte:* Laurel Hahn, Kristin Lee, Jodi Markuson, Bruce Mestemacher, Laurel Miller, Bonnie Rinker, Jeannine Salzer, Sarah Shafer, Cam Stottler; *Preparatoria Júnior del Oeste:* Alicia Beebe, Kristie Earl, Nobu Fujii, Pam Georgetti, Susan Gilbert, Regina Nelson Johnson, Debra Lindstrom, Michele Luke*, Jon Sorenson

Distrito Escolar 1 de Minneapolis
Escuela K-8 Ann Sullivan: Bronwyn Collins; Anne Bartel* (Oficina de currículum e instrucción)

Distrito Escolar 284 de Wayzata
Escuela Intermedia Central: Sarajane Myers, Dan Nielsen, Tanya Ravenholdt

Distrito Escolar 624 de White Bear Lake
Escuela Intermedia Central: Amy Jorgenson, Michelle Reich, Brenda Sammon

Nueva York
Escuelas Públicas de la ciudad de Nueva York
IS 89: Yelena Aynbinder, Chi-Man Ng, Nina Rapaport, Joel Spengler, Phyllis Tam*, Brent Wyso; *Escuela Intermedia Wagner:* Jason Appel, Intissar Fernandez, Yee Gee Get, Richard Goldstein, Irving Marcus, Sue Norton, Bernadita Owens, Jennifer Rehn*, Kevin Yuhas

---

* indica Coordinador de Centro Pruebas de Campo

Ohio

Distrito Escolar de Talawand, Oxford
Escuela Intermedia deTalawanda:
Teresa Abrams, Larry Brock, Heather Brosey, Julie Churchman, Monna Even, Karen Fitch, Bob George, Amanda Klee, Pat Meade, Sandy Montgomery, Barbara Sherman, Lauren Steidl

Universidad de Miami
Jeffrey Wanko*

Escuelas Públicas de Springfield
Escuela Rockway: Jim Mamer

Pennsylvania

Escuelas Públicas de Pittsburgh
Kenneth Labuskes, Marianne O'Connor, Mary Lynn Raith*;
Escuela Intermedia Arthur J. Rooney:
David Hairston, Stamatina Mousetis, Alfredo Zangaro; Academia de *Estudios Internacionales Frick:*
Suzanne Berry, Janet Falkowski, Constance Finseth, Romika Hodge, Frank Machi; *Escuela Intermedia Reizenstein:* Jeff Baldwin, James Brautigam, Lorena Burnett, Glen Cobbett, Michael Jordan, Margaret Lazur, Melissa Munnell, Holly Neely, Ingrid Reed, Dennis Reft

Texas

Distrito Escolar Independiente de Austin
Escuela Intermedia Bedichek: Lisa Brown, Jennifer Glasscock, Vicki Massey

Distrito Escolar Independiente de El Paso
Escuela Intermedia Cordova:
Armando Aguirre, Anneliesa Durkes, Sylvia Guzman, Pat Holguin*, William Holguin, Nancy Nava, Laura Orozco, Michelle Peña, Roberta Rosen, Patsy Smith, Jeremy Wolf

Distrito Escolar Independiente de Plano
Patt Henry, James Wohlgehagen*; *Escuela Intermedia Frankford:* Mandy Baker, Cheryl Butsch, Amy Dudley, Betsy Eshelman, Janet Greene, Cort Haynes, Kathy Letchworth, Kay Marshall, Kelly McCants, Amy Reck, Judy Scott, Syndy Snyder, Lisa Wang; *Escuela Intermedia Wilson:* Darcie Bane, Amanda Bedenko, Whitney Evans, Tonelli Hatley, Sarah (Becky) Higgs, Kelly Johnston, Rebecca McElligott, Kay Neuse, Cheri Slocum, Kelli Straight

Washington

Distrito Escolar de Evergreen
Escuela Intermedia Shahala: Nicole Abrahamsen, Terry Coon*, Carey Doyle, Sheryl Drechsler, George Gemma, Gina Helland, Amy Hilario, Darla Lidyard, Sean McCarthy, Tilly Meyer, Willow Neuwelt, Todd Parsons, Brian Pederson, Stan Posey, Shawn Scott, Craig Sjoberg, Lynette Sundstrom, Charles Switzer, Luke Youngblood

Wisconsin

Distrito Escolar Unificado de Beaver Dam
Escuela Intermedia Beaver Dam: Jim Braemer, Jeanne Frick, Jessica Greatens, Barbara Link, Dennis McCormick, Karen Michels, Nancy Nichols*, Nancy Palm, Shelly Stelsel, Susan Wiggins

Escuelas Públicas de Milwaukee
Escuela Intermedia Fritsche: Peggy Brokaw, Rosann Hollinger*, Dan Homontowski, David Larson, LaRon Ramsey, Judy Roschke*, Lora Ruedt, Dorothy Schuller, Sandra Wiesen, Aaron Womack, Jr.

* indica Centro Coordinador de Pruebas de Campo

Revisiones de CMP para guiar el desarrollo de CMP2

Antes de empezar a escribir CMP2 o de que se hiciera el trabajo de investigación de campo, se envió la primera edición de *Connected Mathematics* a los cuerpos de profesores de distritos escolares de diversas áreas del país y a 80 asesores individuales, solicitándoles sus comentarios.

Encuestas de distrito escolar para las revisiones de CMP

Arizona
Distrito Escolar Madison #38 (Phoenix)

Arkansas
Distrito Escolar Cabot, Distrito Escolar Little Rock, Distrito Escolar Magnolia

California
Distrito Escolar Unificado de Los Angeles

Colorado
Distrito Escolar St. Vrain Valley (Longmont)

Florida
Escuelas del Condado de Leon (Tallahassee)

Illinois
Distrito Escolar #21 (Wheeling)

Indiana
Preparatoria Júnior Joseph L. Block (Este de Chicago)

Kentucky
Escuelas públicas del Condado de Fayette (Lexington)

Maine
Selección de escuelas

Massachusetts
Selección de escuelas

Michigan
Escuelas de área de Sparta

Minnesota
Distrito Escolar Hopkins

Texas
Distrito Escolar Independiente de Austin, La Colaboración para Excelencia Académica de El Paso, Distrito Escolar Independiente de Plano

Wisconsin
Escuela Intermedia Platteville

Revisores individuales de CMP

Arkansas
Deborah Cramer; Robby Frizzell *(Taylor)*; Lowell Lynde *(Universidad de Arkansas, Monticello)*; Leigh Manzer *(Norfork)*; Lynne Roberts *(Preparatoria de Emerson, Emerson)*; Tony Timms *(Escuelas públicas de Cabot)*; Judith Trowell *(Departemento de Educación Superior de Arkansas)*

California
José Alcantar *(Gilroy)*; Eugenie Belcher *(Gilroy)*; Marian Pasternack *(Lowman M. S. T. Center, North Hollywood)*; Susana Pezoa *(San Jose)*; Todd Rabusin *(Hollister)*; Margaret Siegfried *(Escuela Intermedia Ocala, San Jose)*; Polly Underwood *(Escuela Intermedia Ocala, San Jose)*

Colorado
Janeane Golliher *(Distrito Escolar St. Vrain Valley, Longmont)*; Judith Koenig *(Escuela Intermedia Nevin Platt, Boulder)*

Florida
Paige Loggins *(Escuela Intermedia Swift Creek, Tallahassee)*

Illinois
Jan Robinson *(Distrito Escolar #21, Wheeling)*

Indiana
Frances Jackson *(Preparatoria Júnior Joseph L. Block, East Chicago)*

Kentucky
Natalee Feese *(Escuelas Públicas del Condado Fayette, Lexington)*

Maine
Betsy Berry *(Alianza de Matemáticas y Ciencias de Maine, Augusta)*

Maryland
Joseph Gagnon *(Universidad de Maryland, Colegio Park)*; Paula Maccini *(Universidad de Maryland, Colegio Park)*

Massachusetts
George Cobb *(Colegio Mt. Holyoke, South Hadley)*; Cliff Kanold *(Universidad de Massachusetts, Amherst)*

Michigan
Mary Bouck *(Escuelas del área Farwell)*; Carol Dorer *(Escuela Intermedia Slauson, Ann Arbor)*; Carrie Heaney *(Escuela Intermedia Forsythe, Ann Arbor)*; Ellen Hopkins *(Escuela Intermedia Clague, Ann Arbor)*; Teri Keusch *(Escuela Intermedia Portland, Portland)*; Valerie Mills *(Escuelas Oakland, Waterford)*; Mary Beth Schmitt *(Preparatoria Júnior del Este de Traverse City, Traverse City)*; Jack Smith *(Universidad Estatal de Michigan, East Lansing)*; Rebecca Spencer *(Escuela Intermedia Sparta, Sparta)*; Ann Marie Nicoll Turner *(Escuela Intermedia Tappan, Ann Arbor)*; Scott Turner *(Escuela Intermedia Scarlett, Ann Arbor)*

Minnesota
Margarita Alvarez *(Escuela Intermedia Olson, Minneapolis)*; Jane Amundson *(Preparatoria Júnior Nicollet, Burnsville)*; Anne Bartel *(Escuelas Públicas de Minneapolis)*; Gwen Ranzau Campbell *(Escuela Intermedia Sunrise Park, White Bear Lake)*; Stephanie Cin *(Elemental Hidden Valley, Burnsville)*; Joan Garfield *(Universidad de Minnesota, Minneapolis)*; Gretchen Hall *(Escuela Intermedia Richfield, Richfield)*; Jennifer Larson *(Escuela Intermedia Olson, Minneapolis)*; Michele Luke *(Preparatoria Júnior del Oeste, Minnetonka)*; Jeni Meyer *(Preparatoria Júnior Richfield, Richfield)*; Judy Pfingsten *(Escuela Intermedia Inver Grove Heights, Inver Grove Heights)*; Sarah Shafer *(Preparatoria Júnior del Norte, Minnetonka)*; Genni Steele *(Escuela Intermedia Central, White Bear Lake)*; Victoria Wilson *(Elemental Eisenhower, Hopkins)*; Paul Zorn *(Colegio St. Olaf, Northfield)*

Nueva York
Debra Altenau-Bartolino *(Escuela Intermedia Greenwich Village, Nueva York)*; Doug Clements *(Universidad de Buffalo)*; Francis Curcio *(Universidad de Nueva York, New York)*; Christine Dorosh *(Escuela de Escritores Clinton, Brooklyn)*; Jennifer Rehn *(Escuela Intermedia del Lado Oeste, Nueva York)*; Phyllis Tam *(IS 89 Escuela Laboratorio, Nueva York)*; Marie Turini *(Escuela Intermedia Louis Armstrong, Nueva York)*; Lucy West *(Escuela Comunitaria del Distrito 2, Nueva York)*; Monica Witt *(Escuela Intermedia Simon Baruch 104, Nueva York)*

Pennsylvania
Robert Aglietti *(Pittsburgh)*; Sharon Mihalich *(Pittsburgh)*; Jennifer Plumb *(Escuela Intermedia South Hills, Pittsburgh)*; Mary Lynn Raith *(Escuelas Públicas de Pittsburgh)*

Texas
Michelle Bittick *(Distrito Escolar Independiente de Austin)*; Margaret Cregg *(Distrito Escolar Independiente de Plano)*; Sheila Cunningham *(Distrito Escolar Independiente de Klein)*; Judy Hill *(Distrito Escolar Independiente deAustin)*; Patricia Holguin *(Distrito Escolar Independiente de El Paso)*; Bonnie McNemar *(Arlington)*; Kay Neuse *(Distrito Escolar Independiente de Plano)*; Joyce Polanco *(Distrito Escolar Independiente de Austin)*; Marge Ramirez *(Universidad de Texas en El Paso)*; Pat Rossman *(Campus Baker, Austin)*; Cindy Schimek *(Houston)*; Cynthia Schneider *(Centro Charles A. Dana, Universidad de Texas en Austin)*; Uri Treisman *(Centro Charles A. Dana, Universidad de Texas en Austin)*; Jacqueline Weilmuenster *(Distrito Escolar Independiente de Grapevine-Colleyville)*; LuAnn Weynand *(San Antonio)*; Carmen Whitman *(Distrito Escolar Independiente de Austin)*; James Wohlgehagen *(Distrito Escolar Independiente de Plano)*

Washington
Ramesh Gangolli *(Universidad de Washington, Seattle)*

Wisconsin
Susan Lamon *(Universidad Marquette, Hales Corner)*; Steve Reinhart *(jubliado, Escuela Intermedia de Chippewa Falls, Eau Claire)*

Contenido

Trozos y piezas II
Usar operaciones con fracciones

En *Trozos y piezas II*, desarrollarás la comprensión de las cuatro operaciones aritméticas básicas con fracciones, y estrategias para trabajar con ellas.

Aprenderás a

- Usar puntos de referencia y otras estrategias para estimar si el resultado de una operación con fracciones es razonable

- Desarrollar modos de hacer modelos de sumas, diferencias, productos y cocientes, incluyendo el uso de áreas, tiras de fracciones y líneas numéricas

- Buscar reglas para generalizar patrones en los números

- Usar tu conocimiento de fracciones y equivalencia de fracciones para desarrollar algoritmos para sumar, restar, multiplicar y dividir fracciones

- Reconocer cuándo la suma, resta, multiplicación o división es la operación apropiada para resolver un problema

- Escribir familias de operaciones para mostrar relaciones inversas entre suma y resta, y entre multiplicación y división

- Resolver problemas usando operaciones con fracciones

A medida que trabajas en los problemas de esta unidad, acostúmbrate a hacerte preguntas sobre situaciones relacionadas con operaciones de fracciones.

¿Qué modelos o diagramas podrían ser útiles para comprender la situación y las relaciones entre las cantidades?

¿Qué modelos o diagramas podrían ayudar a decidir qué operación serviría para resolver un problema?

¿Qué estimación es razonable para la respuesta?

Trozos y piezas II

La temporada pasada el granjero Sam recogió de su huerta $1\frac{3}{4}$ fanegas de tomates para la cocina y $14\frac{1}{3}$ fanegas de tomates para enlatar. Aproximadamente, ¿cuántas fanegas de tomates recogió en total?

Blaine planea pintar la línea de una autopista que mide $\frac{9}{10}$ de milla de largo. Ya ha pintado $\frac{2}{3}$ del camino cuando se le acaba la pintura. ¿Cuánto mide la línea que ha pintado?

Hay 12 conejitos en la tienda de mascotas. Gabrielle tiene $5\frac{1}{4}$ onzas de perejil para dar de comer a los conejitos. Quiere darle a cada conejito la misma cantidad. ¿Cuánto perejil le toca a cada conejito?

En *Trozos y piezas I*, aprendiste lo que significan las fracciones, los decimales y los porcentajes. En *Trozos y piezas II*, investigarás situaciones en las que necesites sumar, restar, multiplicar o dividir fracciones, como las descritas en la página anterior. Decidirás qué operaciones tienen sentido en cada situación.

Conocer las estrategias que hay que usar para trabajar con todo tipo de números es muy importante. Si pones de tu parte para desarrollar estas estrategias, éstas tendrán más sentido para ti y podrás aplicarlas a otras situaciones. Es posible que ya conozcas algunos atajos para trabajar con fracciones. Puedes sacar más provecho de esta unidad pensando por qué estos atajos y las estrategias que desarrolles con tu clase tienen sentido. Recuerda: no es suficiente hallar la respuesta de un problema. El verdadero poder está en tu capacidad para hablar sobre tus ideas y estrategias y usarlas en nuevas situaciones.

En *Trozos y piezas II*, desarrollarás la comprensión de las cuatro operaciones aritméticas básicas con fracciones, y estrategias para trabajar con ellas.

Aprenderás a

- Usar puntos de referencia y otras estrategias para estimar si el resultado de una operación con fracciones es razonable

- Desarrollar modos de hacer modelos de sumas, diferencias, productos y cocientes, incluyendo el uso de áreas, tiras de fracciones y líneas numéricas

- Buscar reglas para generalizar patrones en los números

- Usar tu conocimiento de fracciones y equivalencia de fracciones para desarrollar algoritmos para sumar, restar, multiplicar y dividir fracciones

- Reconocer cuándo la suma, resta, multiplicación o división es la operación apropiada para resolver un problema

- Escribir familias de operaciones para mostrar relaciones inversas entre suma y resta, y entre multiplicación y división

- Resolver problemas usando operaciones con fracciones

A medida que trabajas en los problemas de esta unidad, acostúmbrate a hacerte preguntas sobre situaciones relacionadas con operaciones de fracciones.

¿Qué modelos o diagramas podrían ser útiles para comprender la situación y las relaciones entre las cantidades?

¿Qué modelos o diagramas podrían ayudar a decidir qué operación serviría para resolver un problema?

¿Qué estimación es razonable para la respuesta?

Investigación 1

Estimar con fracciones

A veces, cuando necesitas hallar una cantidad, no necesitas la respuesta exacta. En estas situaciones, hacer una estimación razonable de la respuesta es suficiente. Esta investigación te ayudará a desarrollar estrategias para estimar sumas y diferencias. Las sumas y diferencias incluirán tanto fracciones como decimales.

1.1 Más cerca

Más cerca es un juego que ayudará a mejorar tus destrezas de estimación. En *Trozos y piezas I*, usaste *puntos de referencia* para estimar fracciones y decimales. Mira este grupo de puntos de referencia.

$$0 \quad \frac{1}{4} \quad \frac{1}{2} \quad \frac{3}{4} \quad 1 \quad 1\frac{1}{4} \quad 1\frac{1}{2} \quad 1\frac{3}{4} \quad 2$$

¿A qué punto de referencia se acerca más $\frac{3}{8}$? Tres octavos es menos que $\frac{1}{2}$, porque es menos que $\frac{4}{8}$. Tres octavos es mayor que $\frac{1}{4}$, porque es mayor que $\frac{2}{8}$. De hecho, $\frac{3}{8}$ está exactamente en el medio entre $\frac{1}{4}$ y $\frac{1}{2}$.

¿A qué punto de referencia se acerca más 0.58? Como $\frac{1}{2}$ es igual a 0.50, 0.58 es mayor que $\frac{1}{2}$. También sabes que 0.58 es menor que $\frac{3}{4}$ ó 0.75. De modo que 0.58 está entre $\frac{1}{2}$ y $\frac{3}{4}$, pero está más cerca de $\frac{1}{2}$.

¿Cómo puedes usar puntos de referencia para ayudarte a estimar la suma de dos fracciones? Piensa en el siguiente ejemplo.

$$\frac{1}{2} + \frac{5}{8}$$

- ¿Está la suma entre 0 y 1 ó entre 1 y 2?
- ¿Está la suma más cerca de 0, de 1 ó de 2?

Cuando juegues al juego Más cerca, usarás puntos de referencia y otras estrategias para estimar la suma de dos números.

Reglas de Más cerca

Pueden jugar a Más cerca de dos a cuatro jugadores.

Materiales

- Tarjetas del juego Más cerca (un juego de tarjetas por grupo)
- Un juego de cuatro cuadrados numéricos (0, 1, 2 y 3) para cada jugador

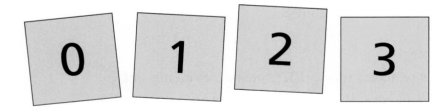

Jugar

1. Todos los jugadores sostienen en la mano sus cuadrados numéricos 0, 1, 2 y 3.

2. Las tarjetas se colocan boca abajo en una pila en el centro de la mesa.

3. Un jugador da vuelta dos tarjetas de la pila. Cada jugador estima mentalmente la suma de los números de las dos tarjetas. Luego, cada jugador selecciona de sus cuadrados numéricos (0, 1, 2 y 3) el que se acerca más a la estimación y lo coloca boca abajo sobre la mesa.

4. Una vez que todos los jugadores han colocado sus cuadrados numéricos, los jugadores dan vuelta sus cuadrados numéricos al mismo tiempo.

5. El jugador cuyo cuadrado numérico se acerca más a la suma real, se queda con las dos tarjetas. Si hay empate, todos los jugadores que empataron se quedan con una tarjeta cada uno. Los jugadores empatados pueden tomar una tarjeta de la pila, si es necesario.

6. Los jugadores se turnan para dar vuelta dos tarjetas de la pila cada vez.

7. Cuando ya se han usado todas las tarjetas, el jugador que ha reunido más tarjetas gana.

A la hora de hacer estimaciones, te puede ser útil buscar puntos de referencia, usar tiras de fracciones, líneas numéricas, diagramas o cambiar una fracción a un decimal. Puedes descubrir otras maneras de pensar que también te ayudarán.

Problema 1.1 Usar puntos de referencia

Juega a Más cerca varias veces. Anota las estrategias de estimación que te resultan útiles.

A. 1. Describe o ilustra una estrategia de estimación que te resultó útil en el juego.

   2. ¿Para qué pares fue fácil y para cuáles fue difícil estimar la suma? ¿Por qué?

B. Supón que jugaste a Más cerca sólo con estas tarjetas.

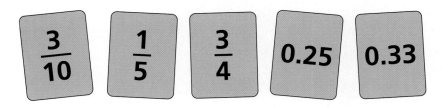

   1. ¿Cuál es la mayor suma posible con dos cualesquiera de las tarjetas que se muestran?

   2. ¿Cuál es la menor suma posible con dos cualesquiera de las tarjetas que se muestran?

ACE La tarea empieza en la página 10.

1.2 Estimar sumas

En este problema, verás varias situaciones que incluyen fracciones y que requieren estimar sumas. A veces tienes que estimar por exceso lo que se necesita, para asegurarte de que tienes lo suficiente. Otras veces, debes estimar por defecto para asegurarte de que no tomas o asumes demasiado.

Problema 1.2 Estimar sumas

A. Elaine está haciendo el modelo de una casa que ha diseñado. Quiere poner molduras de madera alrededor de dos habitaciones del modelo. Mide y halla que necesita $3\frac{1}{4}$ pies de moldura para una habitación y $2\frac{3}{8}$ pies para la otra habitación. Tiene $5\frac{1}{2}$ pies de moldura.

   1. Estima si tiene suficiente moldura.

   2. Describe tu estrategia para estimar la respuesta.

   3. ¿Es tu estimación una estimación por exceso o por defecto de la suma?

B. Elaine le pide a su nieta Madison que haga cortinas para las ventanas de dos habitaciones del modelo. El patrón para la primera habitación necesita una tira de tela de $\frac{7}{12}$ de yarda. El patrón para la segunda habitación necesita una tira de tela de $\frac{5}{8}$ de yarda.

1. ¿Debería Madison estimar por defecto o por exceso la cantidad de tela que necesita? ¿Por qué?

2. Ella anota el siguiente cálculo: $\frac{7}{12} + \frac{5}{8} = \frac{12}{20}$. Usa una estimación para comprobar si su cálculo es razonable. Explica tu razonamiento.

3. El amigo de Madison, Jamar, dice que puede escribir $\frac{7}{12} + \frac{5}{8}$ usando el mismo denominador. Él escribe $\frac{14}{24} + \frac{15}{24}$ y dice: "Ahora la respuesta es fácil."

    a. ¿Qué suma crees que obtendrá Jamar? ¿Tiene sentido su razonamiento?

    b. ¿Es ésta una respuesta exacta o una estimación?

C. Elaine hace el borde de encaje para decorar las cortinas del modelo de casa. Necesita 5 yardas de encaje para las cortinas. Tiene a mano encaje de estas longitudes:

$$1\frac{1}{3} \text{ yardas} \qquad 2\frac{5}{6} \text{ yardas} \qquad \frac{7}{8} \text{ de yarda} \qquad \frac{5}{12} \text{ de yarda}$$

1. ¿Debe Elaine estimar por defecto o por exceso la cantidad de encaje que tiene? ¿Por qué?

2. Usa la estimación para decir si tiene suficiente encaje.

3. Halla fracciones equivalentes con el mismo denominador para representar las longitudes de encaje. ¿Cómo te ayuda esto a hallar la longitud real de todo el encaje?

D. Estima estas sumas y describe lo que piensas.

1. $\frac{2}{3} + \frac{1}{5}$ **2.** $2\frac{1}{3} + 3\frac{2}{3}$ **3.** $\frac{3}{4} + \frac{4}{3}$

ACE La tarea empieza en la página 10.

Aplicaciones

En los Ejercicios 1 a 9, determina si el número está más cerca de 0, $\frac{1}{2}$, ó 1. Explica tu razonamiento.

1. $\frac{10}{9}$ **2.** $\frac{9}{16}$ **3.** $\frac{2}{15}$

4. $\frac{500}{1000}$ **5.** $\frac{5}{6}$ **6.** $\frac{48}{100}$

7. 0.67   **8.** 0.26   **9.** 0.0009999

En los Ejercicios 10 a 15, determina si la suma de dos tarjetas del juego Más cerca está más cerca de 0, 1, 2 ó 3. Explica tu respuesta.

10. $\frac{7}{8}$ y $\frac{4}{9}$ **11.** $1\frac{4}{10}$ y 0.375   **12.** $\frac{2}{5}$ y $\frac{7}{10}$

13. $1\frac{3}{4}$ y $\frac{1}{8}$ **14.** $1\frac{1}{3}$ y 1.3   **15.** 0.25 y $\frac{1}{8}$

En los Ejercicios 16 a 18, vas a jugar a un juego llamado Aún más cerca. En este juego, tienes que estimar sumas al $\frac{1}{2}$, ó 0.5 más cercano. Decide si la suma de los siguientes pares de tarjetas del juego dadas vuelta está más cerca de 0, $\frac{1}{2}$, ó 1. Explica tu respuesta.

16. $\frac{3}{5}$ y $\frac{1}{10}$ **17.** $\frac{1}{4}$ y $\frac{1}{10}$ **18.** $\frac{1}{9}$ y $\frac{1}{8}$

19. Se les hace a cuatro estudiantes la siguiente pregunta: "¿Puedes hallar dos fracciones con una suma mayor que $\frac{3}{4}$?" Explica si la respuesta de cada estudiante es correcta.

a. $\frac{1}{8} + \frac{2}{4}$ **b.** $\frac{3}{6} + \frac{2}{4}$ **c.** $\frac{5}{12} + \frac{5}{6}$ **d.** $\frac{5}{10} + \frac{3}{8}$

Homework Help Online
PHSchool.com
Para: Ayuda con el Ejercicio 19, disponible en inglés
Código Web: ame-4119

En los Ejercicios 20 a 25, halla dos fracciones con una suma que esté entre los números que se dan.

20. 0 y $\frac{1}{2}$ **21.** $\frac{1}{2}$ y 1   **22.** 1 y $1\frac{1}{2}$

23. $1\frac{1}{2}$ y 2   **24.** 2 y $2\frac{1}{2}$ **25.** $2\frac{1}{2}$ y 3

26. Muchos patrones de costura tienen un borde de $\frac{5}{8}$ de pulgada para la costura. ¿Está el borde de $\frac{5}{8}$ de pulgada más cerca de 0, $\frac{1}{2}$, ó 1 pulgada? Explica tu respuesta.

27. La temporada pasada el granjero Sam recogió de su huerta $1\frac{3}{4}$ fanegas de tomates para la cocina y $14\frac{1}{3}$ fanegas de tomates para enlatar. Aproximadamente, ¿cuántas fanegas de tomates recogió en total?

28. Supón que mezclas $\frac{5}{8}$ de taza de harina de trigo con $1\frac{3}{4}$ tazas de harina blanca. ¿Tienes suficiente para una receta que requiere $2\frac{1}{2}$ tazas de harina?

29. Soo necesita 2 yardas de moldura para poner alrededor de la base de una tarima. Tiene dos piezas de moldura: una mide $\frac{7}{8}$ de yarda de largo y la otra mide $\frac{8}{7}$ de yarda de largo. Estima si tiene suficiente moldura. Explica tu respuesta.

Go Online
PHSchool.com

Para: Práctica de destrezas de opción múltiple, disponible en inglés
Código Web: ama-4154

30. Julio está en la tienda de comestibles. Tiene $10.00. Aquí tienes una lista de los artículos que le gustaría comprar. Usa el cálculo mental y la estimación para contestar las partes (a) a (c).

Leche	$2.47
Huevos	$1.09
Queso	$1.95
Pan	$0.68
Miel	$1.19
Cereal	$3.25
Aguacate	$0.50
Chipotles	$1.29

a. ¿Puede Julio comprar todos los artículos con el dinero que tiene? Explica tu respuesta.

b. Si sólo tuviera $5.00, ¿qué podría comprar? Da dos posibilidades.

c. ¿Qué artículos diferentes puede comprar Julio para acercarse lo más posible a gastar $5.00?

Conexiones

31. El rectángulo de abajo representa $\frac{3}{4}$ de un todo.

   a. Dibuja un rectángulo que represente el todo.

   b. Dibuja un rectángulo que represente $\frac{5}{4}$ del todo.

32. El rectángulo de abajo representa el 150% de un todo. Dibuja el 100% del mismo todo.

33. Los frijoles de abajo representan $\frac{3}{5}$ del total de frijoles en la mesa de la cocina. ¿Cuántos frijoles en total hay en la mesa?

34. Las siguientes fracciones aparecen tan a menudo en nuestra vida diaria que es útil recordar rápidamente sus equivalentes en decimales y porcentajes.

$$\frac{1}{2} \qquad \frac{1}{3} \qquad \frac{1}{4} \qquad \frac{2}{3} \qquad \frac{3}{4} \qquad \frac{1}{6} \qquad \frac{1}{5} \qquad \frac{1}{8}$$

   a. Para cada una de estas importantes fracciones, da sus equivalentes en decimal y porcentaje.

   b. Dibuja una recta numérica. En tu recta numérica, marca el punto que corresponde a cada una de las fracciones que se muestran arriba. Rotula cada punto con sus equivalentes en fracción, decimal y porcentaje.

35. Opción múltiple Escoge el grupo de decimales que está ordenado de menor a mayor.

A. 5.603 5.63 5.096 5.67 5.599

B. 5.63 5.67 5.096 5.599 5.603

C. 5.096 5.63 5.67 5.603 5.599

D. 5.096 5.599 5.603 5.63 5.67

36. ¿En cuál de los siguientes grupos de fracciones se pueden expresar *todas* las fracciones como un número entero de las centésimas? Explica tu razonamiento para cada uno.

a. $\frac{3}{2}, \frac{3}{4}, \frac{3}{5}$

b. $\frac{7}{10}, \frac{7}{11}, \frac{7}{12}$

c. $\frac{2}{5}, \frac{2}{6}, \frac{2}{8}$

d. $\frac{11}{5}, \frac{11}{10}, \frac{11}{20}$

En los Ejercicios 37 a 40, copia la figura en tu hoja. Luego, divide la figura en cuartos. Sombrea $\frac{1}{4}$ de la figura.

37.

38.
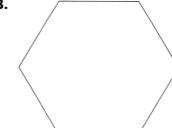

39.
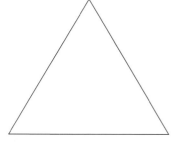

40.
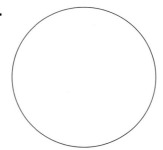

En los Ejercicios 41 y 42, se ha caído pintura en la página, cubriendo parte de las tiras de fracciones. Usa lo que se ve para razonar sobre cada par de tiras. Halla las fracciones equivalentes indicadas por los signos de interrogación.

41.

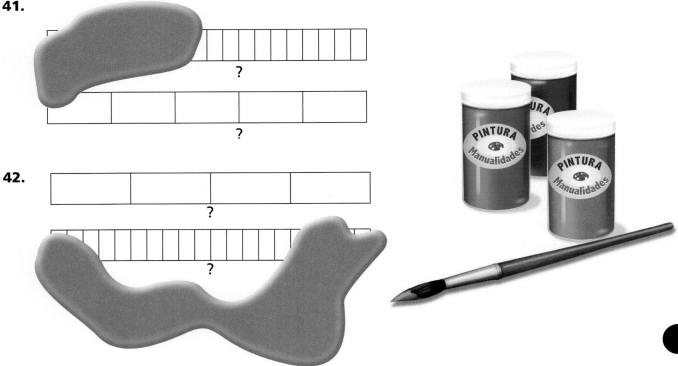

42.

Extensiones

En los Ejercicios 43 a 46, menciona una fracción que corresponda al intervalo que se da.

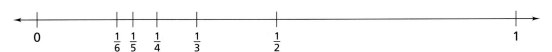

43. entre $\frac{1}{3}$ y $\frac{1}{2}$

44. entre $\frac{1}{4}$ y $\frac{1}{3}$

45. entre $\frac{1}{5}$ y $\frac{1}{4}$

46. entre $\frac{1}{6}$ y $\frac{1}{5}$

47. En los Ejercicios 43 a 46 ¿es posible hallar otra fracción en cada intervalo? ¿Por qué?

Reflexiones matemáticas 1

En esta investigación desarrollaste estrategias para estimar la suma de fracciones y decimales. Estas preguntas te ayudarán a resumir lo que has aprendido.

Piensa en las respuestas a estas preguntas. Comenta tus ideas con los otros estudiantes y tu maestro(a). Luego escribe un resumen de tus hallazgos en tu cuaderno.

1. Describe al menos dos estrategias para estimar sumas de fracciones. Da un ejemplo de cada estrategia. Explica por qué es útil cada estrategia.

2. ¿Cómo decides si te ayuda más estimar por exceso o por defecto? Da ejemplos para explicar tu razonamiento.

Sumar y restar fracciones

Saber cómo combinar y separar cantidades es útil a la hora de comprender el mundo que te rodea. Los nombres matemáticos para combinar y separar cantidades son *sumar* y *restar*.

Por ejemplo, si tienes dos acres de tierra y quieres comprar otro lote de medio acre, tendrás $2 + \frac{1}{2}$, o $2\frac{1}{2}$, acres de tierra. La oración numérica que muestra esta relación es:

$$2 + \frac{1}{2} = 2\frac{1}{2}$$

La *suma* se refiere a los $2\frac{1}{2}$ acres de tierra que tienes.

Si luego vendes $\frac{3}{4}$ de un acre de tu tierra, tendrás $2\frac{1}{2} - \frac{3}{4}$ acres de tierra. La oración numérica que muestra esta relación es:

$$2\frac{1}{2} - \frac{3}{4} = 1\frac{3}{4}$$

La *diferencia* se refiere a los $1\frac{3}{4}$ acres de tierra que tendrás.

El problema de esta investigación te obligará a sumar y restar fracciones. A medida que trabajas, usa lo que has aprendido en unidades e investigaciones anteriores sobre fracciones y sobre cómo hallar fracciones equivalentes. Practica escribir oraciones numéricas para comunicar tus estrategias para resolver el problema.

2.1 Secciones de tierra

Cuando se fundó la ciudad de Tupelo, la tierra se dividió en secciones que se podían cultivar. Cada *sección* es un cuadrado, el cual mide 1 milla de largo en cada lado. En otras palabras, cada sección es 1 milla cuadrada de tierra. Hay 640 acres de tierra en una sección de milla cuadrada.

El diagrama de abajo muestra dos secciones de tierra que son adyacentes, es decir, que están una junto a otra. El diagrama muestra la parte de una sección que le pertenece a cada persona.

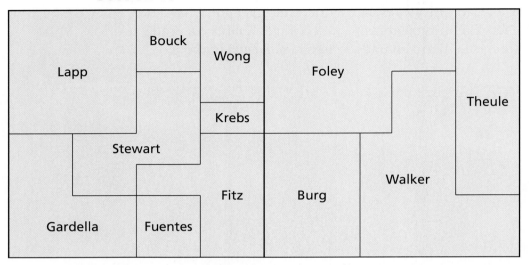

Sección 18   **Sección 19**

Problema 2.1 Escribir oraciones de suma y resta

A. ¿Qué fracción de una sección le pertenece a cada persona? Explica tu respuesta.

B. Supón que Fuentes compra la tierra de Theule. ¿Qué fracción de una sección tendrá Fuentes? Escribe una oración numérica para mostrar tu solución.

C. 1. Halla un grupo de propietarios cuyas tierras combinadas sean igual a $1\frac{1}{2}$ secciones de tierra. Escribe una oración numérica para mostrar tu solución.

   2. Halla otro grupo de propietarios cuyas tierras combinadas sean igual a $1\frac{1}{2}$ secciones de tierra.

D. 1. Bouck y Lapp dicen que cuando sus tierras se combinen, el total será igual al de la tierra de Fouley. Escribe una oración numérica que muestre si esto es cierto.

   2. Halla otras dos personas cuyas tierras combinadas sean igual al total de la tierra de otra persona. Escribe una oración numérica para mostrar tu respuesta.

   3. Halla tres personas cuyas tierras combinadas sean igual al total de la tierra de otra persona. Escribe una oración numérica para mostrar tu respuesta.

E. ¿Cuántos acres de tierra tiene cada persona? Explica tu razonamiento.

F. Lapp y Wong fueron a comprar tierras y juntos compraron todos los lotes de la Sección 18 que les faltaban. Primero, Lapp compró la tierra de Gardella, Fuentes y Fitz. Luego Wong compró el resto.

   1. Cuando se completaron las compras, ¿qué fracción de la Sección 18 tenía Lapp?

   2. ¿Qué fracción de la Sección 18 tenía Wong?

   3. ¿Quién tenía más tierra? ¿Cuánta más tierra tenía?

ACE La tarea empieza en la página 24.

2.2 Visita a la tienda de especias

Cocineros de todo el mundo usan especias para añadir sabor a la comida. Como los ingredientes de las recetas a menudo se miden usando fracciones, cocinar puede requerir sumar y restar cantidades fraccionarias.

Reyna tiene una tienda de especias en la ciudad de Tupelo. Algunas de sus recetas se muestran abajo.

Especias parisinas

$\frac{2}{5}$ oz clavo molido

$1\frac{1}{5}$ oz nuez moscada molida

$1\frac{1}{5}$ oz jengibre

$1\frac{1}{10}$ oz canela

Garam Masala

$\frac{2}{3}$ oz canela

$6\frac{1}{2}$ oz cardamomo

$2\frac{1}{2}$ oz comino

$\frac{1}{3}$ oz clavo molido

$\frac{2}{3}$ oz cilantro

$2\frac{3}{4}$ oz pimienta negra

Moler todas las especias en un mortero o en un molinillo de café.

Especias para el pastel de frutas de Betty

$1\frac{1}{8}$ oz cardamomo

$2\frac{1}{2}$ oz especias mixtas

$2\frac{5}{8}$ oz nuez moscada molida

$\frac{5}{8}$ oz clavo molido

$4\frac{1}{4}$ oz canela

Problema 2.2 Usar la suma y la resta

Usa oraciones numéricas para mostrar tu razonamiento.

A. Latisha compra las especias para hacer una hornada de Especias parisinas.

   1. ¿Cuántas onzas de especias compra Latisha?

   2. a. Supón que ya tiene nuez moscada en casa. ¿Cuántas onzas de especias compra?

     b. Muestra una manera de determinar la respuesta usando la resta.

B. La Sra. Garza compra especias para hacer una hornada de Garam Masala.

   1. ¿Cuántas onzas de especias compra la Sra. Garza?

   2. a. Supón que en casa tiene suficiente canela y cilantro. ¿Cuántas onzas de especias compra?

     b. Muestra una manera de determinar la respuesta usando la resta.

C. Betty compra especias para su famoso pastel de frutas.

   1. ¿Cuántas onzas de especias compra Betty?

   2. Betty hace el pastel de frutas ¡pero se le olvida la nuez moscada! ¿Cuántas onzas de especias usa entonces?

3. Tewin es alérgico a la canela. Si Betty quita la canela de la receta, ¿cuántas onzas de especias compra?

D. Usa lo que has aprendido para hallar el valor para N que hace cierta cada oración.

1. $1\frac{2}{3} + 2\frac{7}{9} = N$ **2.** $\frac{2}{5} + \frac{1}{4} = N$

3. $2\frac{3}{4} - 1\frac{1}{3} = N$ **4.** $3\frac{1}{6} - 1\frac{3}{4} = N$

5. $N + \frac{3}{4} = 1\frac{1}{2}$ **6.** $2\frac{2}{3} - N = 1\frac{1}{4}$

E. Describe una buena estrategia para sumar y restar números mixtos.

ACE La tarea empieza en la página 24.

2.3 Sólo las operaciones

En el Problema 2.2, escribiste una oración de suma o de resta para mostrar un cálculo que hiciste. Para cada oración de suma que escribes, hay tres oraciones numéricas relacionadas que muestran la misma información.

oración de suma: $2 + 3 = 5$
oraciones numéricas relacionadas: $3 + 2 = 5$
$5 - 2 = 3$
$5 - 3 = 2$

Estas cuatro oraciones numéricas forman una **familia de operaciones.**

También puedes crear familias de operaciones con fracciones. Por ejemplo, $\frac{3}{4} + \frac{1}{8} = \frac{7}{8}$ tiene estas tres oraciones numéricas relacionadas:

$$\frac{1}{8} + \frac{3}{4} = \frac{7}{8}$$

$$\frac{7}{8} - \frac{3}{4} = \frac{1}{8}$$

$$\frac{7}{8} - \frac{1}{8} = \frac{3}{4}$$

Puedes escribir esta familia de operaciones entera usando octavos, cambiando $\frac{3}{4}$ a $\frac{6}{8}$. Se vería así:

$$\frac{6}{8} + \frac{1}{8} = \frac{7}{8}$$

$$\frac{1}{8} + \frac{6}{8} = \frac{7}{8}$$

$$\frac{7}{8} - \frac{6}{8} = \frac{1}{8}$$

$$\frac{7}{8} - \frac{1}{8} = \frac{6}{8}$$

Problema 2.3 Familias de operaciones

A. Para cada oración numérica, escribe su familia de operaciones completa.

1. $\frac{2}{3} + \frac{5}{9} = \frac{11}{9}$

2. $\frac{5}{10} - \frac{2}{5} = \frac{1}{10}$

B. Para cada oración matemática, halla el valor de N. Luego escribe cada familia de operaciones completa.

1. $3\frac{3}{5} + 1\frac{2}{3} = N$

2. $3\frac{1}{6} - 1\frac{2}{3} = N$

3. $\frac{3}{4} + N = \frac{17}{12}$

4. $N - \frac{1}{2} = \frac{3}{8}$

C. Después de escribir varias familias de operaciones, Rochelle dice que la resta deshace la suma. ¿Estás o no de acuerdo? Explica tu razonamiento.

D. En la oración matemática de abajo, halla los valores para M y N que hacen que la suma sea exactamente 3. Escribe tu respuesta como una suma que sea igual a 3.

$$\frac{5}{8} + \frac{1}{4} + \frac{2}{3} + M + N = 3$$

 ACE La tarea empieza en la página 24.

2.4 Diseñar algoritmos para la suma y la resta

Para convertirse en un experto resolviendo problemas que incluyen suma y resta de fracciones, necesitas un plan para hacer cálculos. En matemáticas, un plan, o una serie de pasos, para hacer un cálculo se llama **algoritmo.** Para que un algoritmo sea útil, cada paso debe ser claro y preciso.

En este problema, desarrollas algoritmos para sumar y restar fracciones. Puedes desarrollar más de uno para cada cálculo. Debes comprender y sentirte cómodo con al menos un algoritmo para sumar fracciones y al menos un algoritmo para restar fracciones.

A. 1. Halla las sumas de cada grupo.

Grupo 1	Grupo 2	Grupo 3
$2\frac{2}{9} + \frac{4}{9}$	$\frac{4}{9} + \frac{1}{3}$	$\frac{1}{8} + \frac{2}{3}$
$\frac{5}{8} + \frac{1}{8}$	$2\frac{1}{2} + \frac{5}{12}$	$\frac{2}{9} + 3\frac{1}{4}$
$\frac{3}{5} + \frac{9}{5}$	$\frac{7}{8} + \frac{1}{2}$	$3\frac{4}{5} + 3\frac{3}{4}$

2. Describe lo que tienen en común los problemas de cada grupo.

3. Invéntate un problema nuevo que pertenezca a cada grupo.

4. Escribe un algoritmo que funcione para sumar dos fracciones *cualesquiera* incluyendo números mixtos. Prueba tu algoritmo en los problemas de la tabla. Si es necesario, cambia tu algoritmo hasta que creas que funcionará siempre.

B. 1. Halla las diferencias de cada grupo.

Grupo 1	Grupo 2	Grupo 3
$3\frac{5}{6} - \frac{1}{6}$	$1\frac{3}{4} - \frac{1}{8}$	$3\frac{5}{6} - 1\frac{1}{4}$
$\frac{11}{7} - \frac{1}{7}$	$2\frac{7}{16} - 2\frac{1}{4}$	$\frac{1}{4} - \frac{1}{5}$
$1\frac{2}{3} - \frac{1}{3}$	$6\frac{7}{8} - 3\frac{3}{4}$	$4\frac{3}{5} - \frac{1}{3}$

2. Describe lo que tienen en común los problemas de cada grupo.

3. Invéntate un problema nuevo que pertenezca a cada grupo.

4. Escribe un algoritmo que funcione para restar dos fracciones *cualesquiera* incluyendo números mixtos. Prueba tu algoritmo en los problemas de la tabla.

5. Describe cómo los problemas de resta de abajo se diferencian de los problemas de la tabla de restar de la parte (1).

Grupo 1	Grupo 2	Grupo 3
$1\frac{1}{3} - \frac{2}{3}$	$6\frac{3}{4} - 3\frac{7}{8}$	$3\frac{1}{4} - 1\frac{5}{6}$

6. Si lo necesitas, cambia tu algoritmo hasta que creas que funcionará siempre.

C. Usa tus algoritmos para la suma y la resta para hallar cada suma o diferencia.

1. $8 - 2\frac{2}{3}$ **2.** $8\frac{2}{3} - 2$ **3.** $2\frac{7}{16} + \frac{4}{9}$ **4.** $1\frac{4}{5} + 1\frac{5}{6} + 1\frac{3}{4}$

ACE **La tarea empieza en la página 24.**

Aplicaciones

Conexiones

Extensiones

Aplicaciones

1. Los Langston plantaron un jardín grande con flores para vender a los floristas.

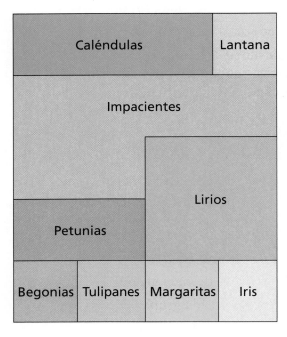

a. ¿Qué fracción del jardín está plantada con cada tipo de flor?

b. ¿Cuánto más del jardín está plantado con lirios que con margaritas?

c. Supón que los Langston cambian las margaritas y los iris por lirios. ¿Qué fracción del jardín estaría plantada con lirios?

d. Usa fracciones para explicar si la siguiente oración es correcta o incorrecta.

Los lechos usados para plantar caléndulas y petunias son equivalentes al lecho usado para plantar impacientes.

e. Usa fracciones para explicar si la siguiente oración es correcta o incorrecta.

Caléndulas − Begonias = Petunias + Tulipanes

f. Mira el plan del jardín original. Busca tres combinaciones diferentes de lechos que sean iguales al total de la fracción del jardín plantada con impacientes. Escribe una oración numérica para cada combinación.

2. Una revista local vende espacio para anuncios. Cobra a los anunciantes según la fracción de página que ocupa el anuncio.

a. Los anunciantes compran $\frac{1}{8}$ y $\frac{1}{16}$ de página. ¿Qué fracción de la página usan los anuncios?

b. ¿Qué fracción de la página queda para otros usos? Explica tu respuesta.

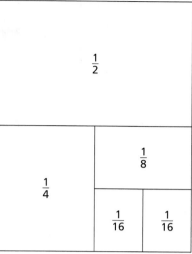

Página de muestra de la revista

3. La Tienda del Sándwich va a hacer una gran inauguración. El propietario compra tres anuncios de $\frac{1}{4}$ de página, cuatro anuncios de $\frac{1}{8}$ de página y diez anuncios de $\frac{1}{16}$ de página. ¿Cuál es el total de espacio para anuncios que compra el propietario?

4. Un promotor de conciertos local compra $2\frac{3}{4}$ páginas de anuncios. Cuando uno de los conciertos se cancela, el promotor cancela $1\frac{5}{8}$ páginas de anuncios. ¿Cuánto espacio para anuncios usa el promotor en realidad?

5. Rico y su amigo comen parte de una bandeja de lasaña. Rico come $\frac{1}{16}$ de la lasaña y su amigo come $\frac{1}{32}$ de la lasaña. ¿Cuánta lasaña queda?

6. Supón que comes $\frac{3}{4}$ de una pizza y luego $\frac{1}{8}$ de otra pizza del mismo tamaño. ¿Qué cantidad de una pizza entera comiste en total?

En los Ejercicios 7 a 12, halla cada suma o diferencia.

7. $8\frac{11}{12} - 2\frac{3}{4}$

8. $4\frac{4}{9} + 1\frac{2}{9}$

9. $2\frac{1}{8} + 3\frac{3}{4} + 1\frac{1}{2}$

10. $2\frac{7}{9} + 6\frac{1}{3}$

11. $11\frac{1}{2} - 2\frac{2}{3}$

12. $1\frac{2}{5} + 1\frac{1}{3}$

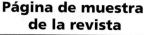

Para: Práctica de destrezas de opción múltiple, disponible en inglés
Código Web: ama-4254

13. Halla cada suma. Describe cualquier patrón que veas.

a. $\frac{1}{2} + \frac{1}{3}$

b. $\frac{2}{4} + \frac{2}{6}$

c. $\frac{6}{12} + \frac{4}{12}$

En los Ejercicios 14 a 17, determina qué suma o diferencia es mayor. Muestra tu trabajo.

14. $\frac{2}{3} + \frac{5}{6}$ ó $\frac{3}{4} + \frac{4}{5}$

15. $\frac{7}{6} - \frac{2}{3}$ ó $\frac{3}{5} - \frac{5}{10}$

16. $\frac{1}{4} + \frac{5}{6}$ ó $\frac{1}{5} + \frac{7}{8}$

17. $\frac{1}{16} + \frac{1}{12}$ ó $\frac{5}{4} - \frac{4}{5}$

18. Escribe la familia de operaciones completa para $\frac{1}{16} + \frac{1}{12}$ y para $\frac{5}{4} - \frac{4}{5}$.

19. Halla el valor de N que hace que cada oración numérica sea correcta.

   a. $\frac{2}{3} + \frac{3}{4} = N$ **b.** $\frac{3}{4} + N = \frac{4}{5}$ **c.** $N - \frac{3}{5} = \frac{1}{4}$

En los Ejercicios 20 a 25, halla cada suma o diferencia.

20. $2\frac{5}{6} + 1\frac{1}{3}$ **21.** $15\frac{5}{8} + 10\frac{5}{6}$ **22.** $4\frac{4}{9} + 2\frac{1}{5}$

23. $6\frac{1}{4} - 2\frac{5}{6}$ **24.** $3\frac{1}{2} - 1\frac{4}{5}$ **25.** $4\frac{1}{3} - \frac{5}{12}$

26. Halla cada suma. Describe cualquier patrón que veas.

   a. $\frac{1}{2} + \frac{1}{4}$ **b.** $\frac{1}{3} + \frac{1}{6}$ **c.** $\frac{1}{4} + \frac{1}{8}$

   d. $\frac{1}{5} + \frac{1}{10}$ **e.** $\frac{1}{6} + \frac{1}{12}$ **f.** $\frac{1}{7} + \frac{1}{14}$

27. Tony trabaja en una pizzería. Corta dos pizzas en ocho secciones iguales cada una. Luego, los clientes comen $\frac{7}{8}$ de cada pizza. Tony dice que $\frac{7}{8} + \frac{7}{8} = \frac{14}{16}$, de modo que se comió $\frac{14}{16}$ del total de pizza. ¿Es correcta la suma de Tony? Explica tu respuesta.

Homework Help Online
PHSchool.com
Para: Ayuda con el Ejercicio 27, disponible en inglés
Código Web: ame-4227

Conexiones

28. Supón que escoges un número del intervalo entre $\frac{1}{2}$ y $\frac{3}{4}$, y un número del intervalo entre $\frac{3}{4}$ y $1\frac{1}{4}$. ¿Qué es lo menor que puede ser su suma? ¿Qué es lo mayor que puede ser su suma? Explica tu razonamiento. (Nota: Los números $\frac{1}{2}$ y $\frac{3}{4}$ están incluidos en el intervalo de $\frac{1}{2}$ a $\frac{3}{4}$.)

29. Un número está cerca del número de referencia $\frac{1}{4}$, y otro está cerca del número de referencia $1\frac{1}{2}$. Estima su suma. Explica tu respuesta.

En los Ejercicios 30 a 35, halla un valor para N que hará cierta la oración.

30. $\frac{3}{12} = \frac{N}{8}$ **31.** $\frac{N}{4} = \frac{6}{8}$ **32.** $\frac{1}{2} = \frac{N}{12}$

33. $\frac{N}{12} = \frac{2}{3}$ **34.** $\frac{N}{8} = \frac{14}{16}$ **35.** $\frac{5}{12} = \frac{10}{N}$

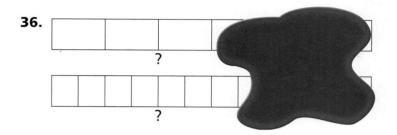

En los Ejercicios 36 a 38 se ha caído pintura en la página, cubriendo parte de las tiras de fracciones. Usa lo que se muestra para razonar sobre cada grupo de tiras. Halla las fracciones equivalentes indicadas por los interrogantes.

36.

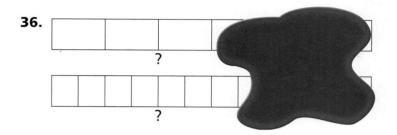

37.

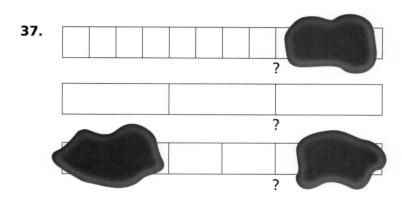

38.

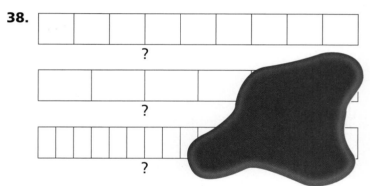

Para los Ejercicios 39 y 40, usa el mapa de la ciudad de Tupelo del Problema 2.1.

39. Opción múltiple Escoge la combinación de propietarios que juntos tienen exactamente el cien por ciento de una sección.

   A. Burg, Lapp, Wong, Fuentes y Bouck

   B. Burg, Lapp, Fuentes, Bouck, Wong, Theule y Stewart

   C. Lapp, Fitz, Foley y Walker

   D. Walker, Foley, Fitz y Fuentes

40. Halla dos combinaciones diferentes de propietarios cuya tierra sea igual a 1.25 secciones de tierra. Escribe la oración numérica para mostrar tu solución.

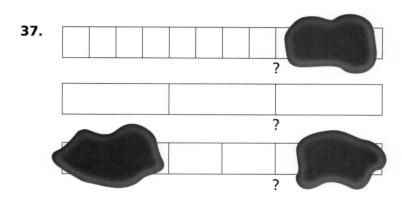

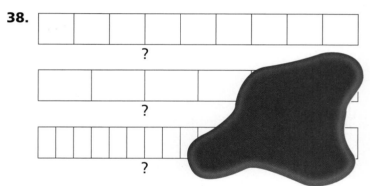

Copia cada par de números de los Ejercicios 41 a 44. Escribe <, > ó = para que cada enunciado sea verdadero.

41. 18.156 ■ 18.17

42. 3.184 ■ 31.84

43. 5.78329 ■ 5.78239

44. 4.0074 ■ 4.0008

45. Al resolver $\frac{7}{15} + \frac{2}{10}$, Maribel escribe $\frac{70}{150} + \frac{30}{150}$.

    a. Muestra por qué $\frac{70}{150} + \frac{30}{150}$ es equivalente a $\frac{7}{15} + \frac{2}{10}$.

    b. Escribe dos o más problemas de suma que sean equivalentes a $\frac{7}{15} + \frac{2}{10}$.

    c. De los tres problemas, el de Maribel y los dos que tú escribiste, ¿cuál crees que será más fácil de usar para hallar la suma? ¿Por qué?

46. El modelo de la derecha representa $\frac{1}{3}$ de un todo. Usa el modelo para nombrar las cantidades que se muestran en las partes (a) y (b).

    a.

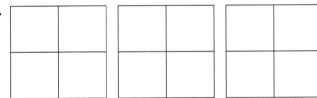

    b.

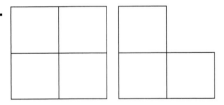

47. El siguiente modelo representa un todo.

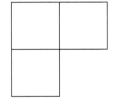

    a. Haz un dibujo que represente $1\frac{1}{3} + \frac{1}{6}$.

    b. Haz un dibujo que represente $2\frac{2}{3} - \frac{4}{3}$.

Extensiones

48. La revista *El Espartano* quiere cobrar $160 por cada página completa de anuncio.

    a. Desarrolla un plan de precios para mostrar el costo de cada tamaño de anuncio de abajo. Explica tu respuesta.

$$\frac{1}{32} \text{ página}, \quad \frac{1}{16} \text{ página}, \quad \frac{1}{8} \text{ página}, \quad \frac{1}{4} \text{ página}, \quad \frac{1}{2} \text{ página}, \quad 1 \text{ página}$$

    b. Usa el plan de precios que desarrollaste. ¿Cuál será la factura para la Tienda del Sándwich si el propietario compra tres anuncios de $\frac{1}{4}$ página, cuatro anuncios de $\frac{1}{8}$ página y un anuncio de $\frac{1}{16}$ página?

    c. La clase del último año está reuniendo dinero para su viaje de fin de curso. Tienen $80 para gastar en publicidad. Geraldo dice que pueden comprar dos anuncios de $\frac{1}{8}$ página y cuatro anuncios de $\frac{1}{16}$ página con su dinero. Según tu plan de precios de la parte (a), ¿tiene razón? Explica tu respuesta.

    d. Usa tu plan de precios de la parte (a). Halla cuatro grupos diferentes de tamaños de anuncios que la clase del último año pueda comprar con $80. Muestra por qué tus respuestas son correctas.

49. a. Halla un número para cada denominador que haga cierta la oración. Si es necesario, puedes usar un número más de una vez.

$$\frac{1}{\blacksquare} - \frac{1}{\blacksquare} = \frac{1}{\blacksquare}$$

    b. Halla otro grupo de números que funcione.

50. Se necesitan 8 personas para limpiar un acre de malas hierbas en 4 horas.

    a. ¿Cuántos acres pueden limpiar 16 personas en 4 horas?

    b. ¿Cuántos acres pueden limpiar 2 personas en 4 horas?

    c. ¿Cuántas personas se necesitan para limpiar 3 acres en 4 horas?

    d. ¿Cuántas personas se necesitan para limpiar 3 acres en 2 horas?

51. Los estudiantes de sexto grado de la Escuela Secundaria Cleveland están vendiendo palomitas de maíz para recaudar dinero. Llevan la cuenta de sus progresos usando una recta numérica como la que se muestra abajo:

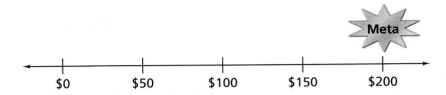

Después del Día 2, los estudiantes no han vendido suficientes palomitas para compensar el dinero que gastaron para empezar. La Srta. Johnson sugiere que cambien la recta numérica para que se vea así:

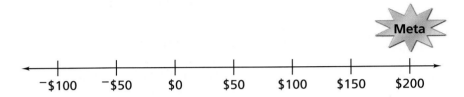

a. Los estudiantes ubican este punto para mostrar su progreso:

¿Cuánto dinero perdieron los estudiantes de sexto grado?

b. Después del Día 4, a los estudiantes de sexto grado les va mejor. Han perdido un total de $25. Marca este punto en una copia de la recta numérica.

c. Después del Día 6, los estudiantes de sexto grado se quedan a la par. Esto significa que ya no pierden dinero, pero que todavía no han ganado nada, tampoco. Marca su progreso en tu recta numérica.

d. Al final de la recolección de fondos, la recta numérica de los estudiantes de sexto grado se ve como la de abajo. ¿Cuánto dinero han reunido?

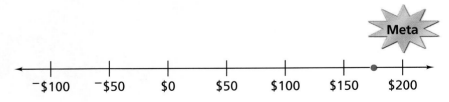

e. ¿Qué fracción de su meta recaudaron después de quedarse a la par?

Reflexiones matemáticas 2

En esta investigación exploraste maneras de sumar y restar fracciones. Estas preguntas te ayudarán a resumir lo que has aprendido.

Piensa en las respuestas a estas preguntas. Comenta tus ideas con otros estudiantes y con tu maestro(a). Luego escribe un resumen de tus hallazgos en tu cuaderno.

1. Supón que estás ayudando a un estudiante que no ha estudiado fracciones. ¿Qué es lo más importante que le puedes explicar sobre sumar y restar fracciones?

2. Describe al menos dos cosas en las que tienes que pensar cuando sumas o restas fracciones con números mixtos. Escoge cosas en las que *no* necesitas pensar cuando sumas o restas fracciones.

3. Usa un ejemplo para mostrar cómo se relacionan la suma y la resta de fracciones en una familia de operaciones.

Investigación 3

Multiplicar con fracciones

A veces, en vez de sumar o restar fracciones, necesitas multiplicarlas. Por ejemplo, supón que estás haciendo el inventario de la tienda de deportes donde trabajas. Hay $13\frac{1}{2}$ cajas de pelotas de fútbol americano en el almacén y hay 12 pelotas en una caja. ¿Cómo puedes hallar el número total de pelotas sin abrir las cajas? Esta situación requiere la multiplicación.

En esta investigación, relacionarás lo que ya has aprendido sobre la multiplicación con situaciones relacionadas con fracciones. Recuerda, para ver el sentido de una situación, puedes dibujar un modelo o cambiar una fracción a una forma equivalente. También puedes estimar para ver si tu respuesta tiene sentido.

3.1 ¿Cuánto de la bandeja hemos vendido?

Paulo y Shania trabajan en el puesto de brownies en la feria escolar. A veces, tienen que hallar partes fraccionarias de otra fracción.

¿Cuánto es $\frac{1}{3}$ de $\frac{2}{3}$?

Todas las bandejas de brownies son cuadradas. Una bandeja de brownies cuesta $12. Puedes comprar cualquier parte fraccionaria de una bandeja y pagar por esa fracción de $12. Por ejemplo, $\frac{1}{2}$ bandeja cuesta $\frac{1}{2}$ de $12.

A. El Sr. Williams quiere comprar $\frac{1}{2}$ de una bandeja que está $\frac{2}{3}$ llena.

1. Usa una copia del modelo de bandeja de brownies que se muestra a la derecha. Haz un dibujo para mostrar cómo podría estar la bandeja antes de que el Sr. Williams comprara sus brownies.

Modelo de una bandeja de brownies

2. Usa distintos lápices de colores para mostrar la parte de brownies que el Sr. Williams compra. Fíjate que el Sr. Williams compra *una parte de una parte* de la bandeja de brownies.

3. ¿Qué fracción de una bandeja completa compra el Sr. Williams? ¿Cuánto paga?

B. La tía Serena compra $\frac{3}{4}$ de otra bandeja que está medio llena.

1. Haz un dibujo que muestre cómo podría estar la bandeja antes de que la tía Serena compre sus brownies.

2. Usa diferentes lápices de colores para mostrar la parte de los brownies que compra la tía Serena.

3. ¿Qué fracción de una bandeja completa compra la tía Serena? ¿Cuánto paga?

C. Cuando los matemáticos escriben $\frac{1}{2}$ de $\frac{1}{4}$, quieren decir la operación de multiplicación $\frac{1}{2} \times \frac{1}{4}$. Cuando multiplicas una fracción por una fracción, estás hallando "una parte de una parte". Piensa en cada ejemplo de abajo como en un problema de bandejas de brownies en el que tú estás comprando una parte de una bandeja que está parcialmente llena, como la parte de una parte.

1. $\frac{1}{3} \times \frac{1}{4}$ **2.** $\frac{1}{4} \times \frac{2}{3}$ **3.** $\frac{1}{3} \times \frac{3}{4}$ **4.** $\frac{3}{4} \times \frac{2}{5}$

D. Usa la estimación para decidir si cada producto es mayor o menor que 1. Como ayuda, usa el "de" como interpretación para la mutiplicación. Por ejemplo, en la parte (1), piensa "$\frac{5}{6}$ de $\frac{1}{2}$".

1. $\frac{5}{6} \times \frac{1}{2}$ **2.** $\frac{5}{6} \times 1$ **3.** $\frac{5}{6} \times 2$ **4.** $\frac{3}{7} \times 2$

5. $\frac{3}{4} \times \frac{3}{4}$ **6.** $\frac{1}{2} \times \frac{9}{3}$ **7.** $\frac{1}{2} \times \frac{10}{7}$ **8.** $\frac{9}{10} \times \frac{10}{7}$

ACE La tarea empieza en la página 40.

Hallar la parte de una parte

En *Trozos y piezas I*, usaste termómetros para mostrar qué fracción de la meta de una recolección de fondos se había alcanzado. Estos termómetros son como rectas numéricas. Marcas un termómetro de la misma manera que marcas una recta numérica para mostrar partes de partes y para nombrar la sección resultante. Los termómetros de recolección de fondos pueden ayudarte a entender las rectas numéricas que vas a usar en este problema.

Una clase de sexto grado reúne $\frac{2}{3}$ de su meta en cuatro días. Se preguntan qué fracción de la meta han reunido cada día, como promedio. Para averiguarlo, hallan $\frac{1}{4}$ de $\frac{2}{3}$. Un estudiante hace el dibujo que se muestra abajo:

Meta

$\frac{1}{3}$ $\frac{2}{3}$

Meta

$\frac{1}{4}$ de $\frac{2}{3}$

Meta

?

Preparación para el problema 3.2

El estudiante de arriba divide la fracción de la meta $\left(\frac{2}{3}\right)$ que se alcanza en cuatro días en cuartos para hallar la longitud que equivale a $\frac{1}{4}$ de $\frac{2}{3}$. Para averiguar la nueva longitud, el estudiante divide el termómetro completo en piezas del mismo tamaño.

¿Qué parte de todo el termómetro es $\frac{1}{4}$ de $\frac{2}{3}$?

¿Cómo representarías $\frac{1}{4} \times \frac{2}{3}$ en una recta numérica?

¿Cómo representarías $\frac{3}{4} \times \frac{2}{3}$ en una recta numérica?

Problema 3.2 Otro modelo de multiplicación

A. 1. En las partes (a) a (d), usa la estimación para decidir si el producto es mayor o menor que $\frac{1}{2}$.

   a. $\frac{1}{3} \times \frac{1}{2}$ **b.** $\frac{2}{3} \times \frac{1}{2}$ **c.** $\frac{1}{8} \times \frac{4}{5}$ **d.** $\frac{5}{6} \times \frac{3}{4}$

2. Resuelve las partes (a) a (d) de arriba. Usa el modelo de bandeja de brownies o el modelo de la recta numérica.

3. ¿Qué patrones ves en tu trabajo para las partes (a) a (d)?

4. Para la parte (b) de arriba, haz lo siguiente.

   a. Escribe un problema en palabras donde tenga sentido usar el modelo de la bandeja de brownies para resolver el problema.

   b. Escribe un problema en palabras donde tenga sentido usar el modelo de la recta numérica para resolver el problema.

B. Resuelve los siguientes problemas. Escribe una oración numérica para cada uno.

1. Seth corre $\frac{1}{4}$ de $\frac{1}{2}$ carrera de relevos de una milla. ¿Cuánto corre?

2. Mali tiene $\frac{4}{5}$ de acre de tierra. Usa $\frac{1}{3}$ para su perrera. ¿Qué parte de un acre se usa para la perrera?

3. Blaine maneja una máquina que pinta las rayas de las carreteras. Planea pintar una raya que es $\frac{9}{10}$ de milla de largo. Está a $\frac{2}{3}$ del camino cuando se le acaba la pintura. ¿Cuánto mide la raya que pintó?

C. ¿Qué observaciones puedes hacer a partir de las Preguntas A y B que te ayuden a escribir un algoritmo para multiplicar fracciones?

D. Ian dice: "Cuando multiplicas, el producto es mayor que cada uno de los dos números que estás multiplicando: $3 \times 5 = 15$, y 15 es mayor que 3 y 5". Libby no está de acuerdo. Ella dice: "Cuando multiplicas una fracción por una fracción, el producto es menor que cada una de las dos fracciones que multiplicaste". ¿Quién tiene razón y por qué?

ACE La tarea empieza en la página 40.

Investigación 3 Multiplicar con fracciones   **35**

3.3 Hacer modelos de más situaciones de multiplicación

En este problema, trabajarás con situaciones de multiplicación que usan fracciones, números enteros y números mixtos. Es útil estimar primero para ver si tu respuesta tiene sentido.

Preparación para el problema 3.3

Estima cada producto al número entero más cercano $(1, 2, 3, \ldots)$.

$$\frac{1}{2} \times 2\frac{9}{10} \qquad 1\frac{1}{2} \times 2\frac{9}{10} \qquad 2\frac{1}{2} \times \frac{4}{7} \qquad 3\frac{1}{4} \times 2\frac{11}{12}$$

¿Será el producto real mayor o menor que tu estimación de número entero?

Problema 3.3 Hacer modelos de más situaciones de multiplicación

En cada pregunta:

- Estima la respuesta.
- Crea un modelo o un diagrama para hallar la respuesta exacta.
- Escribe una oración numérica.

A. Los estudiantes de sexto grado hacen una recolección de fondos. Reúnen suficiente dinero para alcanzar $\frac{7}{8}$ de su meta. Nikki reúne $\frac{3}{4}$ de este dinero. ¿Qué fracción de la meta reunió Nikki?

B. Una receta requiere $\frac{2}{3}$ de una bolsa de 16 onzas de trocitos de chocolate. ¿Cuántas onzas se necesitan?

C. El Sr. Flansburgh compra una rueda de queso de $2\frac{1}{2}$ libras. Su familia come $\frac{1}{3}$ de la rueda. ¿Cuánto queso han comido?

D. Peter y Erin manejan la cosechadora de maíz para el Sr. McGreggor. Cosechan aproximadamente $2\frac{1}{3}$ acres cada día. Sólo tienen $10\frac{1}{2}$ días para cosechar el maíz. ¿Cuántos acres de maíz pueden cosechar para el Sr. McGreggor?

ACE La tarea empieza en la página 40.

3.4 Formas cambiantes

Has desarrollado algunas estrategias para hacer modelos de multiplicación y para hallar productos relacionados con las fracciones. Este problema te dará la oportunidad de desarrollar aún más tus estrategias. Antes de empezar un problema, siempre debes preguntarte: "Aproximadamente, ¿qué tamaño tendrá el producto?".

Preparación para el problema 3.4

Yuri y Paula están tratando de averiguar el siguiente producto.

$$2\frac{2}{3} \times \frac{1}{4}$$

Yuri dice que si reescribe $2\frac{2}{3}$, puede usar lo que sabe sobre multiplicar fracciones. Él escribe:

$$\frac{8}{3} \times \frac{1}{4}$$

Paula pregunta: "¿Puedes hacer eso? ¿Son iguales los dos problemas?"

¿Qué opinas sobre la idea de Yuri? ¿Son equivalentes los dos problemas de multiplicación?

Problema 3.4 Multiplicación con números mixtos

A. Usa lo que sabes sobre equivalencia y sobre multiplicar fracciones para estimar primero, y luego determinar los siguientes productos.

1. $2\frac{1}{2} \times 1\frac{1}{6}$

2. $3\frac{4}{5} \times \frac{1}{4}$

3. $\frac{3}{4} \times 16$

4. $\frac{5}{3} \times 2$

5. $1\frac{1}{3} \times 3\frac{6}{7}$

6. $\frac{1}{4} \times \frac{9}{4}$

B. Escoge dos problemas de la Pregunta A. Haz un dibujo para probar que tus cálculos tienen sentido.

C. Takoda contesta la parte (1) de la Pregunta A haciendo lo siguiente:

$$\left(2 \times 1\frac{1}{6}\right) + \left(\frac{1}{2} \times 1\frac{1}{6}\right)$$

1. ¿Crees que funciona la estrategia de Takoda? Explica tu respuesta.

2. Prueba la estrategia de Takoda en las partes (2) y (5) de la Pregunta A. ¿Funciona su estrategia? ¿Por qué?

D. En las partes (1) a (3), halla un valor para N de modo que el producto de $1\frac{1}{2} \times$ N:

1. esté entre 0 y $1\frac{1}{2}$

2. sea $1\frac{1}{2}$

3. esté entre $1\frac{1}{2}$ y 2

4. Describe cuándo un producto será menor que cada uno de los dos factores.

5. Describe cuándo un producto será mayor que cada uno de los dos factores.

ACE La tarea empieza en la página 40.

3.5 Escribir un algoritmo de multiplicación

Recuerda que un algoritmo es un procedimiento matemático de fiar. Has desarrollado algoritmos para sumar y restar fracciones. Ahora vas a desarrollar un algoritmo para multiplicar fracciones.

Problema 3.5 Escribir un algoritmo de multiplicación

A. 1. Halla los productos de cada grupo de abajo.

Grupo 1	Grupo 2	Grupo 3
$\frac{1}{3} \times \frac{3}{4}$	$2 \times 1\frac{7}{8}$	$3\frac{2}{3} \times 1\frac{1}{2}$
$\frac{1}{4} \times \frac{2}{5}$	$\frac{2}{5} \times 12$	$2\frac{1}{4} \times 2\frac{5}{6}$
$\frac{2}{3} \times \frac{5}{7}$	$6 \times 1\frac{3}{8}$	$1\frac{1}{5} \times 2\frac{2}{3}$

2. Describe lo que tienen en común los problemas de cada grupo.

3. Invéntate un nuevo problema que encaje en cada grupo.

4. Escribe un algoritmo que funcione para la multiplicación de dos fracciones *cualesquiera*, incluyendo números mixtos. Prueba tu algoritmo de los problemas de la tabla. Si es necesario, cambia tu algoritmo hasta que creas que funcionará en todos los casos.

B. Usa tu algoritmo para multiplicar.

1. $\frac{5}{6} \times \frac{3}{4}$ **2.** $1\frac{2}{3} \times 12$ **3.** $\frac{14}{3} \times \frac{10}{3}$ **4.** $\frac{2}{5} \times 1\frac{1}{2}$

C. Halla cada producto. ¿Qué patrón ves? Da otro ejemplo que encaje en tu patrón.

1. $\frac{7}{8} \times \frac{8}{7}$ **2.** $\frac{1}{9} \times \frac{9}{1}$ **3.** $1\frac{2}{3} \times \frac{3}{5}$ **4.** $11 \times \frac{1}{11}$

ACE La tarea empieza en la página 40.

¿Lo sabías?

Cuando inviertes la ubicación de los números en el numerador y el denominador, se forma una nueva fracción. Esta nueva fracción es el **recíproco** de la original. Por ejemplo, $\frac{7}{8}$ es el recíproco de $\frac{8}{7}$, y $\frac{12}{17}$ es el recíproco de $\frac{17}{12}$, ó $1\frac{5}{12}$. Fíjate que el producto de una fración y su recíproco es 1.

Aplicaciones

1. Greg compra $\frac{2}{5}$ de una bandeja cuadrada de brownies en la que sólo quedan $\frac{7}{10}$ de los brownies.

   a. Haz un dibujo de cómo se vería la bandeja de brownies antes y después de que Greg comprara sus brownies.

   b. ¿Qué fracción de la bandeja completa compra Greg?

2. La Sra. Guerdin tiene $\frac{4}{5}$ de acre de tierra en la ciudad de Tupelo. Quiere vender $\frac{2}{3}$ de su tierra a su vecino.

   a. ¿Qué fracción de un acre quiere vender? Haz dibujos para ilustrar tu razonamiento.

   b. Escribe una oración numérica que se pueda usar para resolver el problema.

3. Halla cada respuesta y explica cómo lo sabes.

   a. ¿Es $\frac{3}{4} \times 1$ mayor o menor que 1?

   b. ¿Es $\frac{3}{4} \times \frac{2}{3}$ mayor o menor que 1?

   c. ¿Es $\frac{3}{4} \times \frac{2}{3}$ mayor o menor que $\frac{2}{3}$?

   d. ¿Es $\frac{3}{4} \times \frac{2}{3}$ mayor o menor que $\frac{3}{4}$?

4. a. Usa un modelo de bandeja de brownies para mostrar si hallar $\frac{2}{3}$ de $\frac{3}{4}$ de una bandeja de brownies significa lo mismo que hallar $\frac{3}{4}$ de $\frac{2}{3}$ de una bandeja de brownies.

   b. Si las bandejas de brownies son del mismo tamaño, ¿en qué se parecen o diferencian las cantidades finales de brownies de las situaciones de la parte (a)?

   c. ¿Qué significa esto con respecto a $\frac{2}{3} \times \frac{3}{4}$ y $\frac{3}{4} \times \frac{2}{3}$?

5. Halla cada producto. Describe cualquier patrón que veas.

   a. $\frac{1}{2}$ de $\frac{1}{3}$ **b.** $\frac{1}{2}$ de $\frac{1}{4}$ **c.** $\frac{1}{2}$ de $\frac{2}{3}$ **d.** $\frac{1}{2}$ de $\frac{3}{4}$

6. La clase de la Sra. Mace está planeando una excursión, y $\frac{3}{5}$ de sus estudiantes quieren ir a Chicago. De los que quieren ir a Chicago, $\frac{2}{3}$ dicen que quieren ir a Navy Pier. ¿Qué fracción de la clase quiere ir a Navy Pier?

7. Min Ji usa madera de balsa para construir aviones en miniatura. Después de completar un avión, le queda una tira de madera que mide $\frac{7}{8}$ de yarda. Shawn quiere comprar la mitad de la tira de Min Ji. ¿Cuánto mide la tira que quiere comprar Shawn?

8. Aran tiene una barra de cereales y fruta. Le da la mitad a Jon. Luego, Jon le da a Kiona $\frac{1}{3}$ de su parte. ¿Qué parte de la barra recibe cada persona?

9. En la clase de Vashon, tres cuartos de los estudiantes son niñas. Cuatro quintos de las niñas de la clase de Vashon tienen el pelo castaño.

   a. ¿Qué fracción representa a las niñas con cabello castaño de la clase de Vashon?

   b. ¿Cuántos estudiantes crees que hay en la clase de Vashon?

10. Halla cada producto.

   a. $\frac{1}{3}$ de $\frac{2}{3}$ **b.** $\frac{5}{6}$ de 3   **c.** $\frac{2}{3}$ de $\frac{5}{6}$ **d.** $\frac{2}{5}$ de $\frac{5}{8}$

11. Estima cada producto. Explica tu respuesta.

   a. $\frac{2}{3} \times 4$ **b.** $2 \times \frac{2}{3}$ **c.** $2\frac{1}{2} \times \frac{2}{3}$

12. Esteban está haciendo brownies tortuga. La receta lleva $\frac{3}{4}$ bolsa de cuadrados de caramelo. La bolsa tiene 24 cuadrados de caramelo.

    a. ¿Cuántos cuadrados de caramelo debe usar Esteban para hacer una hornada de brownies tortuga?

    b. Esteban decide hacer dos hornadas de brownies tortuga. Escribe una oración numérica para mostrar cuántas bolsas de cuadrados de caramelo usará.

13. Isabel va a construir un solarium en su casa. Mide y halla que para cubrir el suelo completo necesita 12 hileras con $11\frac{1}{3}$ baldosas en cada hilera. Escribe una oración numérica para mostrar cuántas baldosas usará Isabel para cubrir el suelo.

14. Judi está haciendo un marco para el dibujo de su hermanita. La tira de madera del marco mide 1 pulgada de ancho. Deja dos pulgadas adicionales de madera para cada esquina. Si el cuadrado tiene un lado de $11\frac{3}{8}$ pulgadas, ¿cuánta madera debería comprar Judy?

15. Halla cada producto. Busca patrones que te ayuden.

    a. $\frac{1}{3} \times 18$ **b.** $\frac{2}{3} \times 18$ **c.** $\frac{5}{3} \times 18$ **d.** $1\frac{2}{3} \times 18$

16. Escribe una oración numérica para cada situación. (Asume que todas las fracciones son menores que 1.)

    a. una fracción y un número entero con un producto de número entero

    b. una fracción y un número entero con un producto menor que 1

    c. una fracción y un número entero con un producto mayor que 1

    d. una fracción y un número entero con un producto entre $\frac{1}{2}$ y 1

Homework
Help nline
PHSchool.com
Para: Ayuda con el Ejercicio 16, disponible en inglés
Código Web: ame-4316

17. Bonnie y Steve están haciendo bolsitas de merienda para el equipo de hockey de su hija. Ponen $\frac{3}{4}$ taza de pretzels, $\frac{2}{3}$ taza de palomitas de maíz, $\frac{1}{3}$ taza de cacahuates y $\frac{1}{4}$ taza de trocitos de chocolate en cada bolsa.

    a. Si quieren hacer 12 bolsas, ¿cuánto necesitan de cada ingrediente?

    b. Bonnie decide que le gustaría hacer bolsitas de merienda para su club de cartas. Hay 15 personas en el club de cartas. ¿Cuánto necesita de cada ingrediente?

18. a. Cuando Sierra llega a casa de la escuela, en el frigorífico quedan $\frac{3}{4}$ de un sándwich. Corta la parte que queda en tres partes iguales y se come dos de ellas. ¿Qué fracción del total se comió?

    b. Escribe una oración numérica que muestre tus cálculos.

19. La clase del Sr. Jablonski está haciendo crema de chocolate para una venta de pasteles. Él tiene una receta con la cual hace $\frac{3}{4}$ libra de crema de chocolate. Hay 21 estudiantes en la clase y cada uno hace una hornada de crema de chocolate para la venta de pasteles. ¿Cuántas libras de crema de chocolate hacen los estudiantes?

20. Carolyn está haciendo galletas. La receta lleva $1\frac{3}{4}$ tazas de azúcar moreno. Si hace $2\frac{1}{2}$ hornadas de galletas, ¿cuánto azúcar moreno necesitará?

En los Ejercicios 21 a 29, usa tu algoritmo para multiplicar fracciones para determinar cada producto.

Go Online
PHSchool.com
Para: Práctica de destrezas de opción múltiple, disponible en inglés
Código Web: ama-4354

21. $\frac{5}{12} \times 1\frac{1}{3}$ **22.** $\frac{2}{7} \times \frac{7}{8}$ **23.** $3\frac{2}{9} \times \frac{7}{3}$

24. $2\frac{2}{5} \times 1\frac{1}{15}$ **25.** $10\frac{3}{4} \times 2\frac{2}{3}$ **26.** $1\frac{1}{8} \times \frac{4}{7}$

27. $\frac{11}{6} \times \frac{9}{10}$ **28.** $\frac{9}{4} \times 1\frac{1}{6}$ **29.** $\frac{5}{2} \times \frac{8}{11}$

30. Opción múltiple Escoge el número que, cuando lo multiplicas por $\frac{4}{7}$, será mayor que $\frac{4}{7}$.

A. $\frac{1}{7}$ **B.** $\frac{7}{7}$ **C.** $\frac{17}{7}$ **D.** $\frac{4}{7}$

31. Opción múltiple Escoge el número que, cuando lo multiplicas por $\frac{4}{7}$, será menor que $\frac{4}{7}$.

F. $\frac{1}{7}$ **G.** $\frac{7}{7}$ **H.** $\frac{17}{7}$ **J.** $\frac{8}{7}$

32. Opción múltiple Escoge el número que, cuando lo multiplicas por $\frac{4}{7}$, será exactamente $\frac{4}{7}$.

A. $\frac{1}{7}$ **B.** $\frac{7}{7}$ **C.** $\frac{17}{7}$ **D.** $\frac{4}{7}$

33. a. ¿Cuántos minutos hay en 1 hora?

b. ¿Cuántos minutos hay en $\frac{1}{2}$ hora?

c. ¿Cuántos minutos hay en 0.5 hora?

d. ¿Cuántos minutos hay en 0.1 hora?

e. ¿Cuántos minutos hay en 1.25 horas?

f. ¿Cuántas horas hay en 186 minutos? Exprésalo como número mixto y como decimal.

34. Una revista anuncia vidrieras decorativas. El anuncio dice que el tamaño real de una vidriera es $1\frac{3}{4}$ veces el tamaño que muestra la fotografía. La Sra. Inman quiere saber qué altura tiene la vidriera real. Toma una regla y mide la vidriera de la foto. Si la vidriera de la foto mide $1\frac{3}{8}$ pulgadas de altura, ¿cuánto mide la vidriera en realidad?

35. Violeta y Mandy están haciendo collares de cuentas. Tienen varias cuentas de varios colores y tamaños. A medida que diseñan los patrones que van a usar, quieren averiguar cuánto medirá de largo el collar terminado. Violeta y Mandy tienen los siguientes tamaños de cuentas para trabajar.

Tamaños de cuentas

Cuenta	Tamaño
Azul	$\frac{1}{4}$ pulgada
Roja mediana	$\frac{3}{8}$ pulgada
Roja grande	$\frac{7}{16}$ pulgada

a. Si Mandy usa 30 cuentas azules, 6 cuentas rojas medianas y 1 cuenta roja grande, ¿cuánto medirá su collar?

b. A Violeta le gustaría hacer un collar de 16 pulgadas alternando cuentas rojas medianas y grandes. Sólo tiene 8 cuentas rojas medianas. Si usa 8 cuentas rojas medianas y 8 cuentas rojas grandes, ¿medirá 16 pulgadas su collar?

Conexiones

36. Aquí tienes una familia de operaciones de multiplicación y división:

$$4 \times 5 = 20 \qquad 5 \times 4 = 20 \qquad 20 \div 4 = 5 \qquad 20 \div 5 = 4$$

Escribe una familia de operaciones de multiplicación y división para cada oración numérica.

a. $3 \times 6 = 18$ **b.** $16 \times 3 = 48$ **c.** $1\frac{1}{2} \times 7 = 10\frac{1}{2}$

d. $15 \div 3 = 5$ **e.** $100 \div 20 = 5$ **f.** $15 \div 1\frac{1}{2} = 10$

37. Roshaun y Lea van a un parque de atracciones. Lea gasta $\frac{1}{2}$ de su dinero y Roshaun gasta $\frac{1}{4}$ de su dinero. ¿Es posible que Roshaun haya gastado más dinero que Lea? Explica tu razonamiento.

38. Bianca y Yoki trabajan juntas cortando césped. Supón que Yoko corta $\frac{5}{12}$ del jardín y Bianca corta $\frac{2}{5}$ del jardín. ¿Cuánto jardín queda por cortar?

39. Joe y Ahsnati necesitan $2\frac{2}{5}$ fanegas de manzanas para hacer salsa de manzana. Supón que Joe recoge $1\frac{5}{6}$ fanegas de manzanas. ¿Cuántas fanegas más necesitan recoger?

En los Ejercicios 40 a 45, calcula cada suma o diferencia.

40. $2\frac{2}{3} + 3\frac{5}{6}$

41. $2\frac{8}{10} + 2\frac{4}{5} + 1\frac{1}{2}$

42. $4\frac{3}{10} + 2\frac{2}{6}$

43. $5\frac{5}{8} - 2\frac{2}{3}$

44. $6\frac{7}{10} - 3\frac{4}{5}$

45. $8 - 3\frac{14}{15}$

46. Tres estudiantes mutiplican $6 \times \frac{1}{5}$. Sus respuestas son $\frac{6}{5}$, 1.2 y $1\frac{1}{5}$. Empareja cada respuesta a la estrategia descrita abajo que sea más probable que la produzca. Explica tu respuesta.

a. Fala dibuja seis figuras, cada una representando $\frac{1}{5}$, y las une.

b. Bri escribe $\frac{6}{1} \times \frac{1}{5}$.

c. Hiroshi escribe 6×0.2.

47. Opción múltiple Linda está haciendo moños para poner en coronas. Cada moño lleva $2\frac{1}{3}$ yardas de cinta. Un rollo de cinta tiene 15 yardas de cinta. Escoge el número de moños completos que puede hacer con un rollo.

F. 6   **G.** 7   **H.** 12   **J.** 35

Extensiones

48. Halla cada producto.

a. $\frac{2}{3} \times \frac{1}{2} \times \frac{3}{4}$

b. $\frac{5}{8} \times \frac{1}{2} \times \frac{2}{3}$

49. Opción múltiple Escoge la mejor respuesta para el número de baldosas cuadradas que se necesitan para hacer un rectángulo de $4\frac{1}{3}$ baldosas de alto por $\frac{1}{2}$ baldosa de ancho.

A. $2\frac{1}{3}$ **B.** $2\frac{1}{6}$ **C.** 2   **D.** $2\frac{1}{4}$

Reflexiones matemáticas

En esta investigación exploraste situaciones que requerían multiplicar fracciones. También desarrollaste un algoritmo para multiplicar fracciones. Estas preguntas te ayudarán a resumir lo que has aprendido.

Piensa en las respuestas a estas preguntas. Comenta tus ideas con otros estudiantes y con tu maestro(a). Luego escribe un resumen de tus hallazgos en tu cuaderno.

1. Describe e ilustra tu algoritmo para multiplicar fracciones. Explica cómo usas tu algoritmo cuando multiplicas fracciones por fracciones, fracciones por números mixtos y fracciones por enteros.

2. Cuando multiplicas dos números enteros, ninguno de los cuales es cero, tu respuesta siempre es igual o mayor que cada uno de los factores. Por ejemplo, $3 \times 5 = 15$, y 15 es mayor que los factores 3 y 5. Usa un ejemplo para explicar el siguiente enunciado.

Cuando multiplicas una fracción menor que 1 por otra fracción menor que 1, tu respuesta siempre es menos que cualquiera de los factores.

3. Explica e ilustra lo que significa "de" cuando hallas una fracción *de* otro número. ¿Qué operación implica la palabra?

Dividir con fracciones

En investigaciones anteriores de esta unidad, aprendiste a usar la suma, la resta y la multiplicación de fracciones en diferentes situaciones. También hay veces en que necesitas dividir fracciones. Para desarrollar ideas sobre cuándo y cómo dividir fracciones, repasemos el significado de la división en problemas que incluyen sólo números enteros.

Preparación para el problema 4.1

Los estudiantes de la Escuela Media Lakeside reúnen fondos para hacer una excursión cada primavera. En cada uno de los siguientes ejemplos de recolección de fondos, explica cómo reconoces qué operación u operaciones usar. Luego escribe una oración numérica para mostrar los cálculos necesarios.

- Los 24 miembros del equipo de natación de la escuela reciben donativos de dólar por milla por nadar en una competición de natación en la que se anotaron. El objetivo del equipo es nadar 120 millas. ¿Cuántas millas debería nadar cada nadador?

- Hay 360 estudiantes que van de excursión. Cada autobús lleva a 30 estudiantes. ¿Cuántos autobuses se necesitan?

- La banda de la escuela planea vender 600 cajas de galletas. Hay 20 miembros en la banda. ¿Cuántas cajas debería vender cada miembro para alcanzar el objetivo, si cada uno vende el mismo número de cajas?

Compara tus oraciones numéricas y razona sobre estos problemas con tus compañeros. Decide cuáles son correctos y por qué.

4.1 Preparar comida

Hay veces en que las cantidades que se dan en una situación de división no son números enteros sino fracciones. Primero, necesitas comprender qué significa la división de fracciones. Luego puedes aprender cómo calcular cocientes cuando el divisor o el dividendo, o ambos, son una fracción.

Cuando divides $12 \div 5$, ¿qué significa la respuesta?

La respuesta debería decirte cuántos cincos hay en 12 enteros. Como no hay un número entero de cincos en 12, puedes escribir:

$$12 \div 5 = 2\tfrac{2}{5}$$

Ahora la pregunta es, ¿qué significa *la parte fraccionaria* de la respuesta?

La respuesta significa que puedes hacer 2 cincos y $\tfrac{2}{5}$ *de otro cinco.*

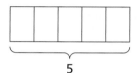 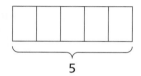 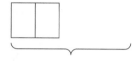

Supón que preguntas: "¿Cuántos $\tfrac{3}{4}$ hay en 14?". Puedes escribir esto como un problema de división: $14 \div \tfrac{3}{4}$.

¿Puedes formar un número entero de $\tfrac{3}{4}$ en 14 enteros?

Si no, ¿qué significa la parte fraccionaria?

A medida que trabajas en los problemas de esta investigación, ten en mente estas preguntas.

> *¿Qué significa la respuesta a un problema de división?*
>
> *¿Qué significa la parte fraccionaria de la respuesta a un problema de división?*

Problema 4.1 Dividir un número entero por una fracción

Usa explicaciones escritas o diagramas para mostrar tu razonamiento para cada parte. Escribe una oración numérica que muestre tu(s) cálculo(s).

A. Naylah planea hacer pizzas de queso para vender en la recolección escolar de fondos. Tiene nueve barras de queso. ¿Cuántas pizzas puede hacer si cada pizza lleva la cantidad de queso que se da?

1. $\frac{1}{3}$ barra   **2.** $\frac{1}{4}$ barra   **3.** $\frac{1}{5}$ barra

4. $\frac{1}{6}$ barra   **5.** $\frac{1}{7}$ barra   **6.** $\frac{1}{8}$ barra

B. Frank también tiene nueve barras de queso. ¿Cuántas pizzas puede hacer si cada pizza lleva la cantidad de queso que se da?

1. $\frac{1}{3}$ barra   **2.** $\frac{2}{3}$ barra   **3.** $\frac{3}{3}$ barra   **4.** $\frac{4}{3}$ barra

5. La respuesta a la parte (2) es un número mixto. ¿Qué significa la parte fraccionaria de la respuesta?

C. Usa lo que has aprendido de las Preguntas A y B para completar los siguientes cálculos.

1. $12 \div \frac{1}{3}$ **2.** $12 \div \frac{2}{3}$ **3.** $12 \div \frac{5}{3}$

4. $12 \div \frac{1}{6}$ **5.** $12 \div \frac{5}{6}$ **6.** $12 \div \frac{7}{6}$

7. La respuesta a la parte (3) es un número mixto. ¿Qué significa la parte fraccionaria de la respuesta en el contexto de pizzas de queso?

D. 1. Explica por qué $8 \div \frac{1}{3} = 24$ y $8 \div \frac{2}{3} = 12$.

2. ¿Por qué es la respuesta a $8 \div \frac{2}{3}$ exactamente la mitad que la respuesta a $8 \div \frac{1}{3}$?

E. Escribe un algoritmo que parezca tener sentido para dividir cualquier número entero por cualquier fracción.

F. Escribe un problema en forma de cuento que se pueda resolver usando $12 \div \frac{2}{3}$. Explica por qué este cálculo encaja en el cuento.

ACE La tarea empieza en la página 55.

4.2 Sigue la recolección de fondos

Cuando trataban de decidir los premios para los juegos en su recolección de fondos, los estudiantes y los maestros se encontraron con ¡más problemas de fracciones!

Problema 4.2 Dividir una fracción por un número entero

Usa explicaciones escritas o diagramas para mostrar tu razonamiento para cada parte. Escribe una oración numérica mostrando tu(s) cálculo(s).

A. La Srta. Li trae cacahuates para repartirlos en partes iguales entre los miembros de los grupos que ganen cada juego. ¿Cuánto le tocará a cada estudiante de una libra de cacahuates en las situaciones siguientes?

   1. Cuatro estudiantes comparten $\frac{1}{2}$ libra de cacahuates.

   2. Tres estudiantes comparten $\frac{1}{4}$ libra de cacahuates.

   3. Dos estudiantes comparten $\frac{1}{5}$ libra de cacahuates.

B. Una tienda de palomitas de maíz dona varios tamaños de cajas de palomitas para usar como premios en la competición por equipos. ¿Cuántas palomitas le tocan a cada miembro del equipo en las situaciones siguientes?

   1. Un equipo de dos personas comparte equitativamente una caja de palomitas de $\frac{3}{4}$ libra.

   2. Un equipo de cuatro personas comparte equitativamente una caja de palomitas de $\frac{7}{8}$ libra.

   3. Un equipo de cuatro personas comparte equitativamente una caja de palomitas de $1\frac{1}{2}$ libra. (Recuerda $1\frac{1}{2} = \frac{3}{2}$.)

C. Halla cada cociente y explica qué modelo usaste.

   1. $\frac{1}{2} \div 4$ **2.** $\frac{3}{2} \div 2$

   3. $\frac{2}{5} \div 3$ **4.** $\frac{4}{5} \div 4$

D. ¿Qué algoritmo tiene sentido para dividir cualquier fracción por cualquier número entero?

E. Escribe un problema en forma de cuento que se pueda resolver con $\frac{8}{3} \div 4$. Explica por qué este cálculo encaja en el cuento.

ACE La tarea empieza en la página 55.

4.3 Trabajo de verano

En los problemas 4.1 y 4.2 desarrollaste maneras de pensar y resolver problemas de división que incluyen un número entero y una fracción. En el siguiente problema, la pregunta incluye la división de una fracción por otra fracción.

Problema 4.3 Dividir una fracción por otra fracción

Rasheed y Ananda tienen trabajos de verano en una tienda de cintas. Contesta las preguntas de abajo. Usa explicaciones escritas o diagramas en cada una para mostrar tu razonamiento. Escribe una oración numérica para mostrar tus cálculos.

A. Rasheed toma el encargo de un cliente que quiere insignias con cinta. Se necesita $\frac{1}{6}$ yarda para hacer la cinta de una insignia. ¿Cuántas insignias con cinta puede hacer con cada una de las cantidades de cinta que se dan? Describe lo que significa la parte fraccionaria de cada respuesta.

1. $\frac{1}{2}$ yarda

2. $\frac{3}{4}$ yarda

3. $2\frac{2}{3}$ yardas (Recuerda $2\frac{2}{3} = \frac{8}{3}$.)

B. Ananda está trabajando en un encargo para lazos. Usa $\frac{2}{3}$ yarda de cinta para hacer un lazo. ¿Cuántos lazos puede hacer Ananda con cada una de las cantidades de cinta que se dan?

   1. $\frac{4}{5}$ yarda   **2.** $1\frac{3}{4}$ yardas   **3.** $2\frac{1}{3}$ yardas

C. Resuelve cada uno de los siguientes ejemplos como si fueran problemas de cintas.

   1. $\frac{3}{4} \div \frac{2}{3}$ **2.** $1\frac{3}{4} \div \frac{1}{2}$ **3.** $2\frac{3}{4} \div \frac{3}{4}$

D. ¿Qué algoritmo tiene sentido para dividir cualquier fracción por cualquier fracción?

E. Para resolver $\frac{3}{4} \div \frac{2}{5}$, Elisha escribe: "$\frac{3}{4} \div \frac{2}{5}$ es lo mismo que $\frac{15}{20} \div \frac{8}{20}$". De modo que la respuesta a $\frac{3}{4} \div \frac{2}{5}$ es la misma que a $15 \div 8$."

   1. ¿Es correcta la primera afirmación de Elisha, que $\frac{3}{4} \div \frac{2}{5}$ es lo mismo que $\frac{15}{20} \div \frac{8}{20}$?

   2. ¿Es correcta la segunda afirmación de Elisha, que $\frac{3}{4} \div \frac{2}{5}$ es lo mismo que $15 \div 8$?

   3. Usa el método de Elisha para resolver $\frac{3}{5} \div \frac{1}{3}$. ¿Da el método una solución correcta?

ACE La tarea empieza en la página 55.

4.4 Escribir un algoritmo de división

Ahora ya puedes desarrollar un algoritmo para dividir fracciones. Para empezar, separarás problemas de división en categorías y escribirás los pasos para cada tipo de problema. Luego, puedes ver si hay un "gran" algoritmo que los resolverá todos.

Problema 4.4 Escribir un algoritmo de división

A. **1.** Halla los cocientes de cada grupo de abajo.

Grupo 1	Grupo 2	Grupo 3	Grupo 4
$\frac{1}{3} \div 9$	$12 \div \frac{1}{6}$	$\frac{5}{6} \div \frac{1}{12}$	$5 \div 1\frac{1}{2}$
$\frac{1}{6} \div 12$	$5 \div \frac{2}{3}$	$\frac{3}{4} \div \frac{3}{4}$	$\frac{1}{2} \div 3\frac{2}{3}$
$\frac{3}{5} \div 6$	$3 \div \frac{2}{5}$	$\frac{9}{5} \div \frac{1}{2}$	$3\frac{1}{3} \div \frac{2}{3}$

2. Describe lo que los problemas de cada grupo tienen en común.

3. Inventa un nuevo problema que encaje en cada grupo.

4. Escribe un algoritmo que funcione al dividir dos fracciones *cualesquiera,* incluyendo números mixtos. Prueba tu algoritmo en los problemas de la tabla. Si es necesario, cambia tu algoritmo hasta que creas que funcionará en todos los casos.

B. Usa tu algoritmo para dividir.

1. $9 \div \frac{4}{5}$ **2.** $1\frac{7}{8} \div 3$ **3.** $1\frac{2}{3} \div \frac{1}{5}$ **4.** $2\frac{5}{6} \div 1\frac{1}{3}$

C. Aquí hay una familia de operaciones de multiplicación-división para números enteros:

$5 \times 8 = 40 \qquad 8 \times 5 = 40 \qquad 40 \div 5 = 8 \qquad 40 \div 8 = 5$

1. Completa esta familia de operaciones de multiplicación-división para fracciones.

$$\frac{2}{3} \times \frac{4}{5} = \frac{8}{15}$$

2. Comprueba las respuestas de la división usando tu algoritmo.

D. En cada oración numérica, halla un valor para N que haga cierta la oración. Si es necesario, usa familia de operaciones.

1. $\frac{2}{3} \div \frac{4}{5} = N$ **2.** $\frac{3}{4} \div N = \frac{7}{8}$ **3.** $N \div \frac{1}{4} = 3$

ACE La tarea empieza en la página 55.

Aplicaciones

1. La Compañía Horno Fácil hace pastelitos. Algunos son pequeños y otros son enormes. Hay 20 tazas de harina en los paquetes de harina que compran. ¿Cuántos pastelitos pueden hacer de cada paquete de harina si cada pastelito lleva las siguientes cantidades de harina?

   a. $\frac{1}{4}$ taza   **b.** $\frac{2}{4}$ taza   **c.** $\frac{3}{4}$ taza

   d. $\frac{1}{10}$ taza   **e.** $\frac{2}{10}$ taza   **f.** $\frac{7}{10}$ taza

   g. $\frac{1}{7}$ taza   **h.** $\frac{2}{7}$ taza   **i.** $\frac{6}{7}$ taza

   j. Explica cómo se relacionan las respuestas para $20 \div \frac{1}{7}$, $20 \div \frac{2}{7}$ y $20 \div \frac{6}{7}$. Muestra por qué esto tiene sentido.

2. Halla cada cociente.

   a. $6 \div \frac{3}{5}$ **b.** $5 \div \frac{2}{9}$ **c.** $3 \div \frac{1}{4}$ **d.** $4 \div \frac{5}{8}$

3. En las partes (a) a (c), haz los pasos siguientes:

- Haz dibujos o escribe oraciones numéricas para mostrar por qué tu respuesta es correcta.

- Si hay residuo, di qué significa el residuo para la situación.

   a. Bill está haciendo pizzas pequeñas para una fiesta. Tiene 16 tazas de harina. Cada base de pizza lleva $\frac{3}{4}$ taza de harina. ¿Tiene suficiente harina?

   b. Hay 12 conejitos en la tienda de mascotas. El director deja que Gabriela les dé verduras a los conejitos. Hoy ella tiene $5\frac{1}{4}$ onzas de perejil. Quiere darle a cada conejito la misma cantidad. ¿Cuánto perejil le toca a cada conejito?

   c. Se necesitan $18\frac{3}{8}$ pulgadas de madera para hacer un marco para una foto pequeña. La Srta. Jones tiene 3 yardas de madera. ¿Cuántos marcos puede hacer?

4. Halla cada cociente. Describe cualquier patrón que veas.

a. $5 \div \frac{1}{4}$ **b.** $5 \div \frac{1}{8}$ **c.** $5 \div \frac{1}{16}$

5. María usa $5\frac{1}{3}$ galones de gasolina para manejar de ida y vuelta al trabajo cuatro veces.

a. ¿Cuántos galones de gasolina usa María en un viaje de ida y vuelta al trabajo?

b. El coche de María recorre 28 millas por cada galón. ¿Cuántas millas son su viaje de ida y vuelta al trabajo?

6. Anoki está a cargo de dar premios a los equipos en una competición matemática. Con cada premio, también le quiere dar a todos los miembros del equipo la misma cantidad de pastillas de menta. ¿Cuánto le tocará a cada miembro del equipo si Anoki tiene las siguientes cantidades de pastillas de menta?

a. $\frac{1}{2}$ libra de pastillas para 8 estudiantes

b. $\frac{1}{4}$ libra de pastillas para 4 estudiantes

c. $\frac{3}{4}$ libra de pastillas para 3 estudiantes

d. $\frac{4}{5}$ libra de pastillas para 10 estudiantes

e. $1\frac{1}{2}$ libras de pastillas para 2 estudiantes

7. Opción múltiple La receta de Nana para hacer salsa de manzana es para $8\frac{1}{2}$ tazas. Reparte la salsa de manzana en partes iguales entre sus tres nietos. ¿Cuántas tazas de salsa de manzana le toca a cada uno?

A. $\frac{3}{2}$ taza   **B.** $25\frac{1}{2}$ tazas   **C.** $\frac{9}{6}$ taza   **D.** No se da.

8. Divide. Haz un dibujo para probar que cada cociente tiene sentido.

a. $\frac{4}{5} \div 3$ **b.** $1\frac{2}{3} \div 5$ **c.** $\frac{5}{3} \div 5$

9. Opción múltiple ¿Cuál de los siguientes diagramas representa $4 \div \frac{1}{3}$?

F.   **G.** 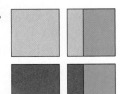   **H.**   **J.**

10. Opción múltiple ¿Cuál de los siguientes diagramas representa $\frac{1}{3} \div 4$?

A.

B.

C.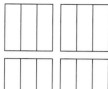

D.

11. El café latte es la bebida más popular en la Cafetería de Antonio.

Antonio sólo hace un tamaño de café latte y usa $\frac{1}{3}$ taza de leche para cada café. En las partes (a) a (c), halla:

• Cuántos café lattes puede hacer con las cantidades de leche que se dan.

• Qué significa el residuo, si lo hay.

a. $\frac{7}{9}$ taza   **b.** $\frac{5}{6}$ taza   **c.** $3\frac{2}{3}$ tazas

12. Escribe un problema en forma de cuento que se pueda resolver usando $1\frac{3}{4} \div \frac{1}{2}$. Explica por qué el cálculo encaja en tu cuento.

Para: Ayuda con el Ejercicio 12, disponible en inglés
Código Web: ame-4412

13. Halla cada cociente.

a. $\frac{5}{6} \div \frac{1}{3}$ **b.** $\frac{2}{3} \div \frac{1}{9}$ **c.** $1\frac{1}{2} \div \frac{3}{8}$

14. ¿Es cada cociente mayor o menor que 1? Explica tu respuesta.

a. $\frac{7}{9} \div \frac{1}{9}$ **b.** $\frac{2}{3} \div \frac{1}{9}$ **c.** $\frac{1}{18} \div \frac{1}{9}$ **d.** $1 \div \frac{1}{9}$

Go Online
PHSchool.com
Para: Práctica de destrezas de opción múltiple, disponible en inglés
Código Web: ama-4454

En los Ejercicios 15 a 20, halla el cociente.

15. $10 \div \frac{2}{3}$ **16.** $5 \div \frac{3}{4}$ **17.** $\frac{6}{7} \div 4$

18. $\frac{3}{10} \div 2$ **19.** $\frac{2}{5} \div \frac{1}{3}$ **20.** $2\frac{1}{2} \div 1\frac{1}{3}$

21. Para los Ejercicios 15 y 17 de arriba, escribe un problema en forma de cuento que encaje en el cálculo.

Escribe una familia completa de operaciones de multiplicación-división.

22. $\frac{2}{3} \times \frac{5}{7} = \frac{10}{21}$ **23.** $\frac{3}{4} \div 1\frac{1}{2} = \frac{1}{2}$

Conexiones

24. El Sr. Delgado corre $2\frac{2}{5}$ km en un sendero y luego se sienta a esperar a su amigo, el Sr. Prem. El Sr. Prem ha corrido $1\frac{1}{2}$ km del sendero. ¿Cuánto más tendrá que correr el Sr. Prem para alcanzar al Sr. Delgado?

25. Toshi tiene que trabajar en una estación de lavado de autos durante 3 horas. Hasta ahora, ha trabajado $1\frac{3}{4}$ horas. ¿Cuántas horas más debe trabajar antes de poder marcharse?

En los Ejercicios 26 a 29, halla cada suma o diferencia. Luego, da otra fracción que sea equivalente a la respuesta.

26. $\frac{9}{10} + \frac{1}{5}$ **27.** $\frac{5}{6} + \frac{7}{8}$ **28.** $\frac{2}{3} + 1\frac{1}{3}$ **29.** $12\frac{5}{6} - 8\frac{1}{4}$

30. Cada fracción se puede escribir de muchas formas equivalentes. Por ejemplo, $\frac{12}{15}$ es equivalente a $\frac{24}{30}$. Para cada fracción, halla dos fracciones equivalentes. Una fracción debe tener el numerador mayor que el que se da. La otra fracción debe tener el numerador menor que el que se da.

a. $\frac{4}{6}$ **b.** $\frac{10}{12}$ **c.** $\frac{12}{9}$ **d.** $\frac{8}{6}$

Halla cada producto.

31. $\frac{2}{7} \times \frac{1}{3}$ **32.** $\frac{3}{4} \times \frac{7}{8}$ **33.** $1\frac{1}{2} \times \frac{1}{3}$ **34.** $4\frac{2}{3} \times 2\frac{3}{4}$

35. Las marcas en cada recta numérica están espaciadas de modo que la distancia entre dos marcas consecutivas es la misma. Copia cada recta numérica y rotula las marcas.

a.

b.

c.

d.

e. Explica cómo determinaste cuáles debían ser los rótulos.

36. ¿Por qué número deberías multiplicar para obtener 1 como producto?

a. $2 \times \blacksquare = 1$ **b.** $\frac{1}{2} \times \blacksquare = 1$ **c.** $3 \times \blacksquare = 1$

d. $\frac{1}{3} \times \blacksquare = 1$ **e.** $\blacksquare \times \frac{2}{3} = 1$ **f.** $\frac{3}{4} \times \blacksquare = 1$

g. $\blacksquare \times \frac{5}{2} = 1$ **h.** $1\frac{1}{4} \times \blacksquare = 1$ **i.** $\frac{7}{12} \times \blacksquare = 1$

37. Halla los números que faltan en cada par. ¿Cuál es la relación entre cada par?

a. $3 \div \blacksquare = 9$

$3 \times \blacksquare = 9$

b. $3 \div \blacksquare = 12$

$3 \times \blacksquare = 12$

c. $2\frac{1}{2} \div \blacksquare = 5$

$2\frac{1}{2} \times \blacksquare = 5$

38. Usa la tira cómica para contestar las preguntas de abajo.

EL PEDIDO

Mejor que sean 2 πs.

Pizza Shack, ¿qué desea?

En una pizza de 8 porciones, me gustaría 37.5% con aceitunas, $\frac{3}{24}$ normal, y el resto con cebolla y pimiento verde. Y que la circunferencia esté bien crujiente.

Odio cuando llaman los maestros de matemáticas.

a. ¿Cuántas porciones de pizza tendrán aceitunas?

b. ¿Cuántas porciones de pizza serán normales?

c. ¿Qué fracción de pizza tendrá cebolla y pimiento verde?

Extensiones

39. DonTae dice que cuando quieres averiguar cuántos cuartos hay en algún número entero de dólares, debes dividir el número de dólares por $\frac{1}{4}$. Vanna dice que necesitas multiplicar el número de dólares por 4. ¿Con quién estás de acuerdo? ¿Por qué?

40. Halla el valor para N que haga cierta la oración. No te olvides de las familias de operaciones.

a. $N \times \frac{1}{5} = \frac{2}{15}$

b. $N \div \frac{1}{5} = \frac{2}{3}$

c. $\frac{1}{2} \times N = \frac{1}{3}$

d. $\frac{1}{5} \div N = \frac{1}{3}$

e. $1\frac{3}{4} \div N = \frac{1}{4}$

f. $2\frac{2}{3} \div N = 8$

41. Usa la tabla de abajo para resolver las partes (a) a (e).

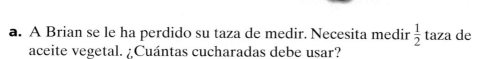

Medidas	Medidas equivalentes
1 taza	16 cucharadas
1 cuarto	4 tazas
1 cuarto	2 pintas
1 galón	4 cuartos
1 cucharada	3 cucharaditas

a. A Brian se le ha perdido su taza de medir. Necesita medir $\frac{1}{2}$ taza de aceite vegetal. ¿Cuántas cucharadas debe usar?

b. ¿Cuántas cucharaditas necesita usar Brian para medir $\frac{1}{2}$ taza de aceite vegetal?

c. ¿Qué fracción de un cuarto es $\frac{1}{2}$ taza?

d. ¿Qué fracción de un galón es $\frac{1}{2}$ taza?

e. Supón que necesitas medir exactamente un galón de agua. Las únicas tazas de medir que tienes son de $\frac{1}{2}$ taza, 1 taza y 1 pinta. ¿Qué taza de medir usarías? ¿Cómo te asegurarías de tener exactamente un galón?

Reflexiones matemáticas 4

En esta investigación desarrollaste estrategias para dividir con fracciones. Desarrollaste algoritmos que se pueden usar para dividir dos fracciones o números mixtos cualesquiera. Estas preguntas te ayudarán a resumir lo que has aprendido.

Piensa en las respuestas a estas preguntas. Comenta tus ideas con otros estudiantes y con tu maestro(a). Luego escribe un resumen de tus hallazgos en tu cuaderno.

1. Explica tu algoritmo para dividir dos fracciones. Prueba tu algoritmo con un ejemplo para cada situación.

- un número entero dividido por una fracción
- una fracción dividida por un número entero
- una fracción dividida por una fracción
- un número mixto dividido por una fracción

2. Explica por qué el siguiente ejemplo se puede resolver usando la división. Una cafetería local dona $2\frac{2}{3}$ libras de granos de café gourmet para vender en un evento de recolección de fondos. La gente que organiza el evento decide empacarlo y vender los granos de café en paquetes de $\frac{1}{2}$ libra. ¿Cuántos paquetes de $\frac{1}{2}$ libra pueden hacer?

3. ¿Cómo se relaciona el cociente de $20 \div \frac{1}{5}$ con el de $20 \div \frac{3}{5}$? Explica tu respuesta.

Mira atrás y adelante

Los problemas de esta unidad te ayudaron a desarrollar estrategias y calcular con fracciones. Aprendiste a identificar situaciones que requieren calcular con fracciones. Desarrollaste algoritmos de suma, resta, multiplicación y división con fracciones. Aprendiste a resolver problemas con fracciones. Usa lo que has aprendido para resolver los siguientes ejemplos.

Go Online
PHSchool.com

Para: Rompecabezas del repaso del vocabulario, disponible en inglés
Código Web: amj-4051

Usa lo que sabes: Operaciones con fracciones

1. La Tienda del Puñado vende muchos tipos de frutos secos. Jayne pide esta mezcla:

    $\frac{1}{2}$ libra de cacahuates $\frac{1}{6}$ libra de avellanas

    $\frac{1}{3}$ libra de almendras $\frac{3}{4}$ libras de anacardos

    $\frac{1}{4}$ libra de pacanas

    a. Los frutos secos cuestan $5.00 la libra. ¿Cuánto es la cuenta de Jayne?

    b. ¿Qué fracción de la mezcla representa cada tipo de fruto seco?

    c. A Diego no le gustan los anacardos, de modo que pide la mezcla de Jayne pero sin anacardos. ¿Cuánto es su cuenta?

    d. Kalli está preparando tazoncitos de frutos secos para una fiesta. Cada tazón lleva $\frac{1}{4}$ de taza de frutos secos. Kalli tiene $3\frac{3}{8}$ tazas de frutos secos. ¿Cuántos tazones puede preparar?

2. A Shaquille le gustan los frutos secos. Quiere una mezcla de duraznos, cerezas, trozos de piña y aros de manzana. La tabla siguiente muestra cuánto tiene La Tienda del Puñado de cada fruto y cuánto pide Shaquille de cada uno.

Almacén de la Tienda del Puñado	Pedido de Shaquille
$1\frac{1}{2}$ libras de duraznos secos	$\frac{1}{3}$ de lo almacenado
$\frac{4}{5}$ libra de cerezas secas	$\frac{1}{2}$ de lo almacenado
$\frac{3}{4}$ libra de trozos de piña seca	$\frac{2}{3}$ de lo almacenado
$2\frac{1}{4}$ libras de aros de manzana seca	$\frac{3}{5}$ de lo almacenado

a. ¿Cuántas libras de frutos secos pide Shaquille?

b. Los frutos secos cuestan \$5.00 la libra. ¿Cuánto es la cuenta de Shaquille?

Explica tu razonamiento

Cuando usas cálculos matemáticos para resolver un problema o tomar una decisión, es importante poder apoyar cada paso de tu razonamiento.

3. ¿Qué operaciones usaste para hallar el costo de los frutos secos de la mezcla de Jayne?

4. ¿Cómo hallaste la fracción de la mezcla de cada tipo de fruto seco?

5. $4 \div \frac{1}{3} = 12$ y $4 \div \frac{2}{3} = 6$. ¿Por qué es la segunda respuesta la mitad de la primera?

6. Usa los siguientes problemas para mostrar los pasos relacionados con algoritmos de suma, resta, multiplicación y división de fracciones. Prepárate para explicar tu razonamiento.

a. $\frac{5}{6} + \frac{1}{4}$ **b.** $\frac{3}{4} - \frac{2}{3}$ **c.** $\frac{2}{5} \times \frac{3}{8}$ **d.** $\frac{3}{8} \div \frac{3}{4}$

Mira adelante

Las ideas y técnicas que has usado en esta unidad se aplicarán y expandirán en unidades futuras de *Matemáticas conectadas*, en otros trabajos matemáticos de la escuela y en tu futuro trabajo. Las fracciones se usan al medir y calcular cantidades de todo tipo—desde longitudes, áreas y volúmenes, hasta tiempo, dinero, calificaciones de exámenes y pesos.

Glosario español / inglés

A

algoritmo Un conjunto de reglas para realizar un procedimiento. Los matemáticos inventan algoritmos que son útiles en muchos tipos de situaciones. Algunos ejemplos de algoritmos son las reglas para una división larga o las reglas para sumar dos fracciones. El siguiente es un algoritmo escrito por un estudiante de un grado intermedio.

Para sumar dos fracciones, primero transfórmalas en fracciones equivalentes con el mismo denominador. Luego suma los numeradores y coloca la suma sobre el denominador común.

algorithm A set of rules for performing a procedure. Mathematicians invent algorithms that are useful in many kinds of situations. Some examples of algorithms are the rules for long division or the rules for adding two fractions. The following algorithm was written by a middle-grade student:

To add two fractions, first change them to equivalent fractions with the same denominator. Then add the numerators and put the sum over the common denominator.

D

denominador El número escrito debajo de la línea en una fracción. En la fracción $\frac{3}{4}$, 4 es el denominador. En la interpretación de partes y enteros de fracciones, el denominador muestra el número de partes iguales en que fue dividido el entero.

denominator The number written below the line in a fraction. In the fraction $\frac{3}{4}$, 4 is the denominator. In the part-whole interpretation of fractions, the denominator shows the number of equal sized parts into which the whole has been split.

F

familia de datos Conjunto de oraciones de suma y resta o de multiplicación y división relacionadas. Por ejemplo, el grupo de números 3, 5 y 15 son parte de esta familia de datos de multiplicación y división:

$$3 \times 5 = 15 \qquad 5 \times 3 = 15$$
$$15 \div 5 = 3 \qquad 15 \div 3 = 5$$

Si tienes un dato de una familia, puedes usar la relación entre la suma y la resta o entre la multiplicación y la división para escribir los tres datos relacionados que también son parte de la familia. Por ejemplo, con $2 + 3 = 5$, puedes usar la relación entre la suma y la resta para escribir las oraciones numéricas relacionadas $3 + 2 = 5$, $5 - 3 = 2$ y $5 - 2 = 3$.

fact family A set of related addition-subtraction sentences or multiplication-division sentences. For example, the set of numbers 3, 5, and 15 are part of this multiplication-division fact family:

$$3 \times 5 = 15 \qquad 5 \times 3 = 15$$
$$15 \div 5 = 3 \qquad 15 \div 3 = 5$$

If you have one fact from a family, you can use the addition-subtraction or multiplication-division relationship to write the three related facts that are also part of the family. For example, with $2 + 3 = 5$, you can use the relationship between addition and subtraction to write the related number sentences $3 + 2 = 5$, $5 - 3 = 2$, and $5 - 2 = 3$.

fracción unitaria Una fracción con numerador 1. Por ejemplo, en la fracción unitaria $\frac{1}{13}$, la interpretación parte-entero de fracciones nos indica que el entero ha sido dividido en 13 partes iguales y que la fracción representa la cantidad 1 de esas partes.

unit fraction A fraction with a numerator of 1. For example, in the unit fraction $\frac{1}{13}$, the part-whole interpretation of fractions tells us that the whole has been split into 13 equal-sized parts, and that the fraction represents the quantity of 1 of those parts.

fracciones equivalentes Fracciones de igual valor, que pueden tener diferentes numeradores y denominadores. Por ejemplo, $\frac{2}{3}$ y $\frac{14}{21}$ son fracciones equivalentes. La parte sombreada de este rectángulo representa tanto $\frac{2}{3}$ como $\frac{14}{21}$.

equivalent fractions Fractions that are equal in value, but may have different numerators and denominators. For example, $\frac{2}{3}$ and $\frac{14}{21}$ are equivalent fractions. The shaded part of this rectangle represents both $\frac{2}{3}$ and $\frac{14}{21}$.

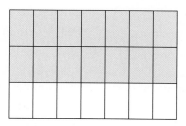

numerador El número escrito sobre la línea en una fracción. En la fracción $\frac{5}{8}$, 5 es el numerador. Cuando interpretas una fracción $\frac{5}{8}$ como parte de un entero, el numerador 5 te dice que la fracción se refiere a 5 de 8 partes iguales.

numerator The number written above the line in a fraction. In the fraction $\frac{5}{8}$, 5 is the numerator. When you interpret the fraction $\frac{5}{8}$ as a part of a whole, the numerator 5 tells that the fraction refers to 5 of the 8 equal parts.

número recíproco Un factor por el cual multiplicas un número dado de manera que su producto sea 1. Por ejemplo, $\frac{3}{5}$ es el número recíproco de $\frac{5}{3}$, y $\frac{5}{3}$ es el número recíproco de $\frac{3}{5}$, porque $\frac{3}{5} \times \frac{5}{3} = 1$. Fíjate que el recíproco de $1\frac{2}{3}$ es $\frac{3}{5}$, porque $1\frac{2}{3} \times \frac{3}{5} = 1$.

reciprocal A factor by which you multiply a given number so that their product is 1. For example, $\frac{3}{5}$ is the reciprocal of $\frac{5}{3}$, and $\frac{5}{3}$ is the reciprocal of $\frac{3}{5}$ because $\frac{3}{5} \times \frac{5}{3} = 1$. Note that the reciprocal of $1\frac{2}{3}$ is $\frac{3}{5}$ because $1\frac{2}{3} \times \frac{3}{5} = 1$.

P

punto de referencia Un número "bueno" que se puede usar para estimar el tamaño de otros números. Para trabajar con fracciones, $0, \frac{1}{2}$ y 1 son buenos puntos de referencia. Por lo general estimamos fracciones o decimales con puntos de referencia porque nos resulta más fácil hacer cálculos aritméticos con ellos, y las estimaciones suelen ser bastante exactas para la situación. Por ejemplo, muchas fracciones y decimales, como por ejemplo $\frac{37}{50}$, $\frac{5}{8}$, 0.43 y 0.55, se pueden considerar como cercanos a $\frac{1}{2}$. Se podría decir que $\frac{5}{8}$ está entre $\frac{1}{2}$ y 1, pero más cerca de $\frac{1}{2}$, por lo que se puede estimar que $\frac{5}{8}$ es alrededor de $\frac{1}{2}$. También usamos puntos de referencia para ayudarnos a comparar fracciones. Por ejemplo, podríamos decir que $\frac{5}{8}$ es mayor que 0.43, porque $\frac{5}{8}$ es mayor que $\frac{1}{2}$ y 0.43 es menor que $\frac{1}{2}$.

benchmark A "nice" number that can be used to estimate the size of other numbers. For work with fractions, $0, \frac{1}{2}$, and 1 are good benchmarks. We often estimate fractions or decimals with benchmarks because it is easier to do arithmetic with them, and estimates often give enough accuracy for the situation. For example, many fractions and decimals—such as $\frac{37}{50}, \frac{5}{8}$, 0.43, and 0.55—can be thought of as being close to $\frac{1}{2}$. You might say $\frac{5}{8}$ is between $\frac{1}{2}$ and 1 but closer to $\frac{1}{2}$, so you can estimate $\frac{5}{8}$ to be about $\frac{1}{2}$. We also use benchmarks to help compare fractions. For example, we could say that $\frac{5}{8}$ is greater than 0.43 because $\frac{5}{8}$ is greater than $\frac{1}{2}$ and 0.43 is less than $\frac{1}{2}$.

Índice

Agradecimientos

Créditos del equipo

A continuación se mencionan las personas que formaron parte del equipo de **Connected Mathematics2** tanto en el área editorial, como en servicios editoriales, y de diseño y producción. Los nombres de los miembros clave del equipo se presentan en negrita.

Leora Adler, Judith Buice, Kerry Cashman, Patrick Culleton, Sheila DeFazio, Richard Heater, **Barbara Hollingdale, Jayne Holman,** Karen Holtzman, **Etta Jacobs,** Christine Lee, Carolyn Lock, Catherine Maglio, **Dotti Marshall,** Rich McMahon, Eve Melnechuk, Kristin Mingrone, Terri Mitchell, **Marsha Novak,** Irene Rubin, Donna Russo, Robin Samper, Siri Schwartzman, **Nancy Smith,** Emily Soltanoff, **Mark Tricca,** Paula Vergith, Roberta Warshaw, Helen Young

Para el texto en español: Claudio Barriga, Marina Liapunov

Edición en español

CCI (Creative Curriculum Initiatives)

Otros créditos

Diana Bonfilio, Mairead Reddin, Michael Torocsik, nSight, Inc.

Ilustración técnica

WestWords, Inc.

Diseño de tapa

tom white.images

Fotos

2 t, Cortesía de JCL Equipment Co. Inc.; **2 b,** GK Hart/Vikki Hart/Getty Images, Inc.; **3,** Ed Young/Corbis; **7,** Richard Haynes; **8,** Syracuse Newspapers/The Image Works; **17,** PhotoDisc/PictureQuest; **19,** Paul Hardy/Corbis; **22,** Richard Haynes; **29,** E.R. Degginger/Bruce Coleman, Inc.; **32,** Richard Haynes; **35,** Cortesía de JCL Equipment Co. Inc.; **37,** Russ Lappa; **41,** L. Clarke/Corbis; **43,** Tony Freeman/PhotoEdit; **48,** Tony Freeman/PhotoEdit; **51 l,** Dorling Kindersley; **51 r,** Royalty-Free/Corbis; **52,** Ed Scott/AGE Fotostock; **55,** GK Hart/Vikki Hart/Getty Images, Inc.; **58,** Eric Bean/Getty Images, Inc.; **60,** ©2001, Hilary B. Price. Distribuido por King Features Syndicate, Inc.; **61,** Silver Burdett Ginn; **63,** Russ Lappa